吉沢久子97歳のおいしい台所史

hisako yoshizawa

――大正・昭和・平成をかけぬけた半生――

もくじ

第一章 幼い頃の台所

8 幼い頃の台所
10 生まれは深川・木場
12 好奇心の芽が
14 関東大震災で
19 江戸の面影残る物売りの声
24 お使いもして
26 小さい頃から食いしん坊
29 縁日は友だちとパンカツを目指して
32 憧れはパン屋さんの西洋アンズ
34 初めてのドーナツ
36 小学生でご飯が炊けた
39 馬跳び、缶蹴り、けん玉…
42 着物に靴で学校へ

第二章 早くに自立した頃の台所

44 早くに自立した頃の台所
46 母と暮らすのが嫌に
48 叔父に可愛がられて
51 就職して間借りを
54 勤め先で巡り会った人々
56 童話作家を夢見て
59 タイプライターと速記を学ぶ

62 グルメ上司のもとで
65 あのときの母の一言
69 ヒタヒタと戦争の足音

第三章

74 青春の日々の台所
76 高田馬場のアパートで
80 エスペラントを学ぶ
82 ワンピースで姉妹喧嘩
85 ゆきちゃんとチャコちゃん
90 婚約者との出会いと別れ
94 夜学に通って
96 スポンジのような吸収力を発揮
99 ミルクホールでシベリアを
102 妹のおかげで
焼きたてパンが食べられた
104 未来の夫との出会い
108 老婆聞き書きの旅で
112 次第に食べる物が…

第四章 戦時下の台所

114 暮らしを考えさせてくれた旅
117 三つの仕事を
120 古谷先生の留守宅を預かる
122 アパート焼失
123 生活力を発揮して
126 同居生活を
131 日々生きるためだけに
134 食べること第一に
136 戦争が終わって

第五章 家事評論家誕生の台所

138 阿佐ヶ谷闇市の思い出
140 紙と印刷機があれば…
143 原稿料を受け取りに
148 食べさせる工夫
152 大邸宅で新婚の雑居生活
153 新婚生活とはほど遠く
158 初めて新聞に執筆を
166 家事評論家、第一号

第六章 仕事が広がった頃の台所

168 実験の家に住む
172 やっと戦後が落ち着いて
174 料理の台本書きとインタビュアーを
177 雑誌掲載や書籍出版を

196 洗濯機・炊飯器が登場して
198 考える家事提唱へ
200 インスタントラーメンを買いに
203 文化学院に通う

第七章 充実した日々の台所

204 住まいを変化させて
208 百貨店で消費者相談を
211 モノが溢れて
215 生活者目線の仕事を
218 講演に飛び回って
222 忙しくても料理は
224 姑、光子との同居

第八章 家族に寄り添った台所

229 料理の仕事を止《や》める
234 どう暮らすかをテーマに
237 勉強会をスタート
240 新潟日報に連載を
242 ミニ家出
245 家族が好んだ料理
248 生涯現役
249 家族を見送るとき

第九章
260 夕日を眺めた台所
263 家族がくれた贈り物
265 老いじたく連載
268 できることを精一杯
270 老いを語る
277 一日のスタートは朝食から
279 愛用の調理道具たち

第十章
286 人生、輝かせる台所
289 誰にも寄りかからず
290 唯一の失敗
292 献体と遺言を
294 まだまだ自分で食べたいものを
297 長生きしたら新しいことに出会った
300 明日は分からない、でも何とかなるだろう
302 一生懸命に生きる

306 家族に喜ばれたおかず
308 メニュー1 パイペンロー
309 メニュー2 白菜鍋

メニュー3 310 大根飯
メニュー4 311 おつまみサラダ
メニュー5 312 ほうれん草のソテーと目玉焼き
メニュー6 313 ニンジンポタージュ
メニュー7 314 焼きおにぎり
メニュー8 315 すき焼き風味のおから
メニュー9 316 パンカツ
メニュー10 317 ホットケーキ
メニュー11 318 こんにゃくのピリ辛煮
319 常備菜
322 調味料・道具
324 おわりに
330 吉沢久子 年表

第一章

幼い頃の台所

Childhood

生まれは深川・木場

一九一八年（大正七年）一月二十一日に、吉沢久子さんは生まれた。この年、一九一四年から続いた第一次世界大戦が、十一月十一日にドイツの降伏で終了した。九百九十万人の死者、二千万人の負傷者、戦費が当時の金額で四千億円という、犠牲と爪痕を残した戦いであった。また、国内では、七月に富山県魚津市の漁民婦女四十人余りの、船積出しを阻止する要求をした動きが、米騒動となり、わずか二週間で全国に拡大したなど、主な出来事のあった年である。
生まれた場所は、深川・木場の祖母の家である。生家の様子がどのようであったか、また祖母の人となりや生活ぶりといったことの記憶は乏しい。

私が育った家は、街中の一区画のようで、門があって、真ん中に木が一本立っていましたね。お隣のおじさんは、この一角に住んでいたようです。まあ、小さいときは、そんなこと、あまり興味がなく遊んでいるだけでしたから。
自分の幼いときのことがどうだったのか、と考えたとき、誰かに聞こうと思っても、そのときは、もう誰も聞く人はいませんでした。だから、小さいときのこと、本当に覚えていなくて困っちゃうんです。私は、前向きというか、前ばっかり見てたんでしょうね、きっと。ボヤーッとした記憶しかないんですけど、祖母の三味線を弾く姿を、何となしに覚えているんです。祖母は、木場に関わりのある仕事をしていた家の娘だったと思うのですが、小さい頃のことで、三味線を弾く人は芸者さんだと思っていたものですから、「おばあちゃんって芸者さんだったの？」なんて、聞いたことがあるんですよ。そんなことぐらいしか記憶がないですね。

——その頃の木場の風景なども、はっきりしていないという。

水の風景は、丸太があって、浮いているのが見えたのは、記憶しているんですけどね…。

好奇心の芽が

小さい頃のことは、ほとんど覚えていないのですが、怖かった出来事で、川に落ちたこと、これだけは、シッカリ覚えています。木場ですから、丸太が浮いていて、そこへおじさんたちが乗って、仕事しているのが、面白そうで、私も丸太に乗りたいな、なんて思って、乗ったんですね。そしたらすぐにひっくり返って、川に落ちたんです。

助けてもらったのですか

すぐに、おじさんが救い上げてくれて、助けてもらいました。助けられて、母や祖母に怒られたと思うんですが、それも覚えていない。川に落ちたことは、怖かったから、それは覚えているんですね。

大正時代は大らかというか、のんびりしていたというか。五歳にも満たない、小さな子供が、一人で丸太に乗る、いや川に近づくことすら、現代では考えられない。育児中の母親たちには、想像もつかないことだろう。まして、幼い子供が川に落ちるような環境があるということが、今なら大きな社会問題にもなっていることだ。

大らかな大正時代にしても、吉沢さんは、小さいときから、天性の好奇心の芽を持っていたということだろうか。それとも、危ないことをする、お転婆さんだったのか。

決して大人しい子ではなくて、川でも何でも一人で遊びに行って、逞しい子だったんだと思います。今みたいに、子供は一人で遊びに行っちゃいけないとか、言われなかったんでしょうね。小さい頃の友だちのことなども、まったく覚えていないんです。

もしかしたら、祖母、母、叔父など大人ばかりに囲まれていたからでしょうか。

関東大震災で

一九二三年、五歳のとき、関東大震災に見舞われる。

家の中にいたら、隣のおじさんが、頭にたらいをかぶって、慌てて逃げる姿が可笑しくて、はっはっはあ~なんて、笑っていました。面白かったのですね。

今考えると、瓦などが落ちてくるので、かぶっていたと分かるのですが、そのときは分からなくて、面白がってばかりでした。

それに、家が全部丸焼けになって、祖母や母、親戚と一緒に、逃げて野宿したんですよ。それも印象的なこととして記憶があります。とにかく、夜中に外で寝るのが、嬉しくてしょうがなかったようです。

肝心の地震の怖さというのは覚えていないんですね。

逃げた先は、叔父さんの家

どうやって逃げたか分かりませんが、とにかくみんなで逃げて、落ち着く先としては、そこしかなかったのでしょうね。その叔父さんが、パン屋さんをしていて、そこにしばらくいました。

そこで覚えているのは、初めて聞いたラジオです。鉱石ラジオ※だったと思いますが…。初めてだったので記憶にあるのですが、何を聞いたのか…。

パン屋さんって、ハイカラじゃなかったのですか

パン屋さんといっても、みんなが「パン屋さん、パン屋さん」と呼んでいましたけど、普通のお菓子屋ですよ。近所には、映画館があったり、アイスクリン屋さんがあったり、そんなことしか覚えていません。

※方鉛鉱や黄鉄鉱などの鉱石の整流作用を利用した AM ラジオ受信機のこと。真空管ラジオが普及する以前に広く用いられた。

関東大震災は、九月一日午前十一時五十八分、神奈川県相模湾北西沖八十キロを震源として発生したマグニチュード7・9の地震災害。神奈川県、東京市、千葉県、静岡県までの内陸と沿岸の広い範囲に甚大な被害をもたらした。百九十万人が被災、十万五千人余が死亡あるいは行方不明になったとされる。建物被害は、全壊が十万九千余棟、全焼が二十一万二千余棟であった。

東京市内では、家屋の約六割が罹災し、多くの住民が避難所に移動した。東京市による避難地調査によると、一万二千人以上の避難者は、寺社、学校などや、政府が設営した皇居前広場や明治神宮外苑などのテントに避難したとある。

当時、情報を得る手段としての電話は、一般家庭には普及していないし、ラジオ放送の実用化も、その後の大正末であった。新聞社十六社は、地震により活字ケースが倒れて散乱、印刷機能を失い、さらに大火により十三社が焼失。最も早く復旧したのが東京日日新聞社で、九月五日付夕刊を発行したという。雑誌『主婦之友』は石川武美氏により一九一七年（大正六年）に創刊されている。

石川氏によると、一九二三年九月一日、十月号の校了（最終チェック）のため、編集部員は牛込の印刷所にいて、そこで震災に遭遇した。すでに校了済みであった十月号は急遽編集し直され、『東京大震大火書報』として十月六日に発売された。それが、現在「石川武美記念館」に所蔵されている。震災を記録した記者の一人、椿重一氏は当時の様子を記している。「正午少し前、校正室の隣の食堂で、箸を取ろうとした一瞬だった。遠くからゴーッと息をひそめたような底鳴りがしたかと思うと、突き上げられるような振動と共に、グラグラと揺れてきた。地震がだんだん大きくなってきて、そのうちに、ここかしこに火の手が上がってきた。水道の破損のために水はなし、唯もう焼くに委せるより外仕様がなかった。あぁーあの光景。私は今これを書くのにさへ、胸が痛くなる。自然の暴威の前には、人の力は何という小ささだ」

吉沢さんが避難した叔父さんの家は寺島町であった。その町の避難所の様子を、記者の服部桂子氏が伝えている。「惨憺たる本所の被害者を最も多く収容している、府下寺島町府立第七中学校に、焼け跡の秩序もやや回復されかけた頃であった。米俵の褥《しとね》にサンダラボッチの枕で、垢と汗で煮しめたような筒袖一つに、手や足や頭に包帯をした人達が、寂しい顔を横たえてゐた。その向かいの寺島小学校にも数百の避難者が収容されている。家財を沢山持ち込んだのもあれば、破れた風呂敷一つで、もう内職の雑巾さしをせっせとしてゐるお婆さんもゐる」

四週間後、帝都復興院が設置され、総裁の後藤新平により復興が提案され、次第に東京は蘇っていく。

寺島町では何年か暮らされたのですか

小学校へ入るまでだから、二～三年はいました。その後、引っ越して江戸川に移って小学校に入りました。私は、ずっと下町で育っていて、そのときは分かりませんでしたけど、今考えると、暮らしはしやすかったと思いますね。

江戸の面影残る物売りの声

震災後、小さかったのですが、特に覚えているのが、物売りの声なんですよ。

先日、東京オリンピック前の映像で、天秤棒を担いで、魚の行商をしている方の姿を見ましたが、あのような

私はその映像は見ていませんが…朝、お豆腐屋さんが来るんですね。お味噌汁を豆腐にするから、「お豆腐、買ってらっしゃい」と頼まれるんです。「お汁の実に切ってもらってちょうだい」と言われて、お鍋とお金を持って、家の前に立っていました。

それから、売り声は全部覚えていますね。その真似をしていましたから。

「なっとう、なっとう〜」「なっとう、味噌豆〜」「あさり〜しじみ〜」なんてのも。

お昼頃になると、小豆を煮たの、「金ちゃん豆」っていうのが売りに来ました。「金ちゃんは甘いよう〜」と、おじさんの後をついて歩いていたから、覚えてしまいました。

それは量り売りですか

おしゃもじ一杯いくらって、家にいながらにして、向こうから売りに来てくれたから、今より合理的で、省エネ社会でしたね。

「玄米パンのほやほや〜」が来ると、みんな、まあ玄米パンでお昼にしようかっていうことだったのでしょうね。おでん屋さんは車を引いてきましたよ。

冬じゃないのにですか

屋台のおでん屋さんで、煮えたおでんのお鍋があって、その下にコンロがあるんです。他に何かおかずを買ったら夕食になってしまいます。

その間には、「ハサミ、包丁、カミソリ研《と》ぎ」、「下駄の手入れ」、あ、それから、「鋳掛屋《いかけや》さん」。お鍋の穴が開いたのを修理してくれる。あと、「定斎屋《※じょうさいや》さん」、カチ

※薬を売り歩く行商人。

カチ鳴らして売りに来るんです。担ぎの薬屋さん。

この間から台所事情を考えながら、思い出していたら、今よりずっと合理的で、リサイクルもきちっとできています。明治の頃に日本に来た外国の人が、こんな清潔な町を見たことがないと、ずいぶん沢山書いていますね。みんな木を利用して、ご飯を炊いたり、お湯を沸かしたり、全部木でしたね。すると、その灰は、肥料になるし、染め物の媒染にもなるんです。だから、灰はよく売れて、灰買いが来てましたよ。

江戸の町は全部リサイクルできていて、今より清潔だったかもしれませんね。

――江戸の人たちの暮らしの知恵が、吉沢さんにも受け継がれてきた。――

ずいぶん受け継いでいると思いますよ。たとえば、雑巾といえば、もう着られない、使えなくなった布を縫い合わせて使うから雑巾なんです。今みたいにタオルなんかじゃなかったわけで。あとは布巾です。布巾も、お茶碗拭きから次は台布巾に下ろして、それから雑巾になっていく。使えない布を合わせて縫って作っていたのですね。最後まで、物は捨てませんもの、灰まで売れたんですもの。

しっかりと物が役立っていた。吉沢さんが覚えている物売りの声は、江戸の面影なのだ。

物売りの声をずっと集めてらっしゃる宮田章司※①さんと、一緒に食事をして、いろいろと伺ったことがあります。

夏には、朝顔の苗売り、それから風鈴。キラキラしながら、夏の風物詩ですよ。おばあちゃんが煙草を吸っていたので、ぴーっと鳴らして掃除してくれる羅宇屋《らうや》※②さんが来ると、煙管《キセル》を持たされて「お金持って行っといで」と行かされました。それで、覚えたんです。日常のことでしたから、季節によっていろいろな物売りが来ました。冬は焼き芋屋さんが。あの頃は石焼きではなくて、お釜に並べて焼いていました。焼き芋屋さんというと嬉しくてねぇ～。

物売りの声だけではない。吉沢さんは、近所の台所から聞こえてくる包丁の音、夕食の匂いなどにも、子供の関心を寄せていたそうだ。

※①「陽司章司」のコンビ名で漫才界にデビュー。
江戸売り声の芸風で数々の演芸番組で活躍した。
※② 煙管の掃除や修繕をする人。

子供の頃、夕方になると、よその家からキュウリを刻む音が漏れてきたり、あ、この家はカレーらしい、ここのお宅は魚を焼いているな、と匂いがしてくると、「みんな同じようなものを食べているなあ～」などと感じていましたね。

台所の窓辺にはいつも小さな
野菜やハーブを植えて。
野菜作りは若い頃から
当たり前のようにしてきた

お使いもして

その頃の下町は、合理的な暮らしで、青物も売りに来ていたから、買い物に行かなくても生活できたんです。

それに下町の主婦って共働きが多くて内職みたいなことをしていましたから。そうすると、できたおかずを買って食べていたんでしょうね。

煮豆屋さんにきんぴらごぼうからお豆の煮たのまでいろんなお惣菜がありました。「貝のヒモ」というのがあって、私はお弁当のおかずに好きだったんです。「貝のヒモ、買ってちょうだい」なんて、よく母に言いました。

煮豆屋さんには、金時豆、白いんげん、何でも煮ているので、朝になると店先に湯気が立っているんですね。

私は、よくお使いにやらされました。煮豆屋さん、豆腐屋さん、八百屋さん、味噌屋さんにも。「甘味噌ちょうだい、100匁《※もんめ》」と言ってお使いしていました。

お魚だって、天秤棒担いで売りに来るなじみの魚屋さんから、そこで魚をおろし

※1匁は3.75g。

てもらって、買うんです。「お刺し身に」とか「切り身に」とか頼めたんですよ。

あの頃は、惣菜だけでなく、八百屋さんには、新鮮な野菜もたくさんありましたね。小松菜、深谷ネギ、千住ネギ、谷中生姜、練馬大根、巣鴨ナス、駒込ナス…、東京産の野菜が、今では見かけなくなりましたが。

明るい光の入る台所は
吉沢さんの一番好きな場所。
季節ごとに花を咲かす庭木を
眺めながら家事にいそしむ

小さい頃から食いしん坊

小さいときから食いしん坊だったのですか

私は小さいときから何でも食べるのが好きだったようです。祖母から「この子は何でも食べたがってね、口に入るものなら、どんなものでもいいんだね」と言われたことがあります。

あの頃は、家庭料理の種類がそれほどなくて、家ではあまり作りませんでした。せいぜい煮物、酢の物、揚げ物は精進揚げが多かったかしら。天ぷらだって、あまりしなかったですし、洋食も中華もほとんど作りませんでしたね。

叔父さんの家にいた頃、並びの家に洋食屋さんがありましてね。洋食といっても、カツとコロッケ、あとは魚のフライ、イカのフライもあって、すっごくおいしくて好きだったですね。

吉沢さんの声が、急にいきいきとして、弾んできた。顔まで、おいしそうにニコニコとしてきた。

洋食弁当というのがあって、何かで取ってもらうときなんて、おご馳走、大ご馳走で、嬉しかったですよ。カツとかコロッケは、肉屋さんに買いに行くものでした。肉屋さんでは、大鍋で揚げたてのをくれて、キャベツ付けてくれて。今のようにトンカツではなくて、カツって言ってました。買いにやらされたことも、覚えています。

そのときのことは、吉沢さん自身が書いている。

「西洋皿と呼んでいた平たいお皿を持って、買いにいくのは私の役目で、刻みキャベツといっしょに盛りつけてもらい、風呂敷にしっかり包んで、お皿がまがらないように持って帰るのは、小学生にはなかなかむずかしかったが、私はカツがたべられるうれしさで、いっしょうけんめいで持ち帰ったのをおぼえている。うすいカツだったが、それにソースをたっぷりかけて、キャベツにもソースをからませ、何杯もごはんをたべた。ソースというのはウスターソースであったのだろう。それをかけると、キャベツだけでも西洋のにおいがあった。このおつかいをいいつけられると、私はうれしくて、片手にお皿を包んだ風呂敷と、片手にはお金を握りしめて、踊るような足どりで肉屋さんに急いだ」『ていねいな暮らし』（清流出版）より。

駄菓子屋さんにも行かれましたか

お金をもらって、駄菓子屋さんのもんじゃ焼きに行きました。冬になると鉄板で、うどん粉の生地にあんこを巻いて焼いて食べました。もんじゃ焼きは、子供の社交場ね、楽しくみんなでしゃべったりして、小熊の恰好作ったり、猫のしっぽをひゅうと作って、あんこや蜜を付けて焼いて食べるっていうのが、面白かった。そう、今のもんじゃ焼きとは違いますね。小麦粉を薄く水溶きしただけ、その中にいろいろと挟んで焼くんです。

そして、お縁日へと話は止まらない。

縁日は友だちとパンカツを目指して

お縁日は、子供同士で、お小遣いを二銭※だったかしら、もらって、それで行くのが嬉しくってね、何買って食べようか、それでパンカツというのを食べました。

パンにカツが挟まっているのですか

食パンを小麦粉を溶いた中に、ちょっと漬けて、しっとりしたところを鉄板の上で、両面を焼くんです。それでね、真ん中をハガシというのでちょっと叩いて、そこにキャベツをのっけて、ソースをいっぱいかけてくれるんです。だから、パンのカツみたいで、「パンカツ」。

カツ風ってことですね

それを紙にのっけてもらって渡されました。買えるのが嬉しくて、アセチレンの

※1銭は100分の1円。

匂いと一緒に思い出します。

ＮＨＫで料理をやっていたとき、パンカツを作ってみたんですよ。そうしたら「懐かしい」という投書が沢山来ました。私たちは、焼いたのをお縁日で食べましたが、小麦粉じゃなくて、パン粉をつけてそれを揚げた方や、本当にパンを揚げたカツみたいなのを食べた方など、いろんなパンカツの投書を頂きましたよ。

おいしそうですね

子供って、いつもお腹が空いていますから、だから、キャベツをいっぱいのっけて食べるのが、おいしかったし、何人かで組になって、夜、お縁日に行きました。それから、煎り豆屋さん。それもすごくおいしかったですね。豆を煎って、袋に入れて、一銭か二銭です。材料そのもので、加工なんかしていません。お縁日の、お店の最後の所が植木屋さんですから、そこまで行くと、帰ろうと、帰って来るんです。

お縁日のパンカツ屋さんが来るのが、本当に楽しみで、待ち遠しかったです。

夏もあったんですか

夏はありませんでした。ただの氷屋さん。私たちは「氷まんじゅう」と呼んでいましたが、丸い形の輪っかがあって、そこにちょうど入る木の棒があって、かいた氷をふわっーと輪にかけて、ぎゅっと棒で押し付けるんです。アイスキャンディーでもなくて、かき氷でもない。「氷まんじゅう」。

へぇ～、面白い

また、それも面白いことに、新聞じゃない白い紙に包んでもらって、食べながら歩いていました。

憧れはパン屋さんの西洋アンズ

私の憧れの店は、やっぱりパン屋さんでしたね。

そこに、西洋アンズというのを売っていたんです。今の、アメリカの赤いアンズね、その味を、どこかで食べて知っていたんでしょうか。おいしくてね。

それが、すごく好きで、食べたくてしょうがなかったんですが、高いんですよ。

だから、特別な日しか買ってもらえない。

「ああ、西洋アンズ買いたいなあ、ああ、買ってもらいたいな」と、ずっと思っていましたね。

そのままで食べるのですか

白砂糖をかけてあるから、そのままですね。ハイカラなパン屋さんへの憧れがありました。今みたいに、何でも食べられる時代じゃありませんから。あれが食べたい、これが食べたい、と思いながら、パン屋さんに憧れていたというわけです。

当時は、ケーキ屋さんなどもなく、洋風パン屋さんに、売っていたんです。西洋菓子などはなくて、カステラが一番の西洋風。これは病気しないと食べられませんでした。

病気して食べられたのが、カステラ

風邪をひくと、カステラが食べられるんです。学校なんかでも、友だちが風邪ひいて休んだ、なんて言うとね、みんなでお見舞いに行くんです。すると、カステラを食べさせてもらって、嬉しくて…、何度もお見舞いに行った覚えがあります。そういうときは、どの家でも奮発したんでしょうね。西洋菓子の中でも、カステラは一番初めにできたお菓子なんでしょうね。

その時代、時代に、手の届かない食べ物はある。昭和の初め頃にカステラは珍しかっただろう。カステラ食べたさに、同級生を見舞った気持ちを想像して、よく分かった気がする。

初めてのドーナツ

その頃のことで、とっても懐かしい思い出があるんですね。

セーターを編み直すときの、毛糸を解くように、吉沢さんは、次々と思い出の糸を手繰り寄せていく。

小さな教会、ホーリネス教会というのが近所にあって、遊び相手のお姉ちゃんに日曜学校に連れて行ってもらったんです。

日曜学校に行くと、歌を教えてくれて、帰りにこんなちっちゃなカードを貰うんですね。そういうのが嬉しかったですね。今思うと、そのとき、ドーナツを食べたんじゃないかと思います。初めて、穴の開いた揚げたお菓子を食べたんですね。でも、小さいからどんなものか、分かりませんでした。

最近、ドーナツの歴史を調べてみたら、第一次世界大戦の頃、戦場に慰問のためドーナツが配られたとありました。だから、教会なんかで、子供に食べさせたのかなあ〜、あれがドーナツだったんじゃないかな、と思い出しました。

それと、日曜学校で歌った歌も、はっきり覚えています。リズムに乗っていたから覚えたんでしょうね。

「日曜学校の約束は、朝夕神に祈りをし、父と母とに従いて、煙草を吸わず酒飲まず」。これを、大きな声で歌わされたんですね。近所のおじさんがお酒飲んで、おばさんに怒られたりしていたから、煙草を吸わず酒飲まずっていうくだりは、よく覚えているんです。

以前に、ドーナツのことを書いてほしいといわれて、思い出していましたら、初めて食べた穴の開いた揚げ菓子ドーナツ、そのとき覚えた歌のカード、おじさんが怒られていたことと一緒の日曜学校の歌、と、一連の繋がりで、小さい頃の情景が思い出されていきました。

小学生でご飯が炊けた

特別なときは、洋食弁当、カツで、普段は、煮物や魚、精進料理などといったものでしたが、お正月は、特別なご馳走ですか

お正月は、ごく普通のお雑煮でした。あとは、煮物と縁起物。そんなものだけでしたよ。

お雑煮は、焼き餅で、さらっとしていて、鶏肉、なると、ちくわ、小松菜が入って、鶏のガラが出汁。お正月だったから出汁をとることはきっと、大ご馳走でした。私は、ガラの出汁のを食べていました。

大掃除はさせられたのですか

家には、男がいなかったから、女手ばかりで掃除したと思いますが、子供には子供の、下駄箱掃除があって、ただ下駄を出して掃けばいいだけです。だからあんまり手伝わされたってことはないんですけど。叔父さんもやってくれましたから。

小学校五年生のとき、ご飯を炊けと言われて教えられました。それで、かまどでご飯を炊くことを覚えました。

はじめちょろちょろなかぱっぱ。

一度、空のお釜を炊いて、壊してしまったことがありました。薪さえ焚けばいいもんだと思っていたら、お釜が空だったんです。たいそう怒られました。

今でも、吉沢さんのご飯がおいしいのは、小学生の頃からご飯を炊いていたからだと判明した。

当時の家は、立流しじゃない、と書かれていましたが、どんな流しだったのですか

今のようなタイプが、立流し。立って洗う流しで、木組みをして、流しを上に置いて、排水をつけた形が、立流しです。下にコンクリートのたたき、うちのはそれでした。それが流しで、そのまま下水に流れていくんですけど、上に木のすのこを置いて、台所の洗い場のような所だったんです。

昔は、何でも座って、作業をするのが当たり前でしたから、台所も初めは立流しなんかなかったんです。

最近気に入っている本は
ターシャ・テューダーの
暮らしの本。美しい写真を
見ると、心が和むので、
写真集が増えていった

馬跳び、缶蹴り、けん玉…

小学校は、活発で、成績もよかったのでしょうね

学校の成績はよかったんですよ。いつか、整理したとき、小学校二年生の成績表が出てきたんですね。甲乙丙丁で、全甲とまではいかなかったのかな、確か、乙が一つありました。担当の先生の名前があって、「池内オキノ先生」と書いてありました。

好きな学科はあったのですか

特になくて、ただ一生懸命だったんですね。

成績がよくて、お祖母さんもお母さんも、鼻高々でしたでしょう

そういうことはありませんでした。祖母は小学校二年生で亡くなっていますから、その後母にはちょっと、反抗していたので、褒められたっていえば、他人に褒められたぐらいでしたね。

何だか、さっぱりとしているというか、でも少し拗《す》ねたような少女時代だったのかなという印象である。活発であったことは、間違いはなさそうだ。

男の子と一緒になってね、棒切れ持って走り回っていましたから。荒川の放水路近くに住んでいたので、女の子も、男の子も棒切れ持って、遊んで、実にのびのびしていましたね。原っぱで馬跳びしたり。男の子も、女の子もなくて、しゃがんで馬になっている子に飛び乗り、缶蹴りもしましたし、それから空き缶の底に紐を通して、缶馬もやったし、けん玉も。私、上手でしたよ。ベーゴマはできませんでした。巻くのが下手で、やってもどっか行っちゃうし、変なところに飛んで行ってしまうんですね。メンコはやっちゃいけないと言われて、やりませんでした。

雨の日の、学校での遊びというと、女の子はだいたいお手玉ですね。今思い出すと、外で遊ぶことが多かったです。だから、体が丈夫だったのかもしれませんね。

吉沢さんの小学校の頃の遊びは、戦後生まれの子供の遊びと、同じであった。昭和二十年代の終わりまで、小学生の遊びは変わることがなかったというわけだ。

夫となった古谷綱武氏の父、
古谷重綱氏は、外交官として
活躍し、戦後ブラジルに移住し、
日本語の普及に努めた

着物に靴で学校へ

服装は、小学校の頃どうでしたか

小学校の初めの頃は、みんな着物を着て行っていました。

足袋はいて、下駄ですか

着物ですが、靴を履いていました。それで、袴はいてね。そう、今の卒業式のスタイルのような。普通だったんです。小学校二年生くらいのときから、そんな恰好でした。流行は、繰り返すものですね。

いつ頃から洋服に

洋服を初めて買ってもらったのは、小学校五年生の頃、トゥーピースでした。ブラウス風のカチッとした上着と、スカートで、ちゃんと寸法を取って。それは、母ではなくて、叔父さんが買ってくれたんです。
それで、初めてそれを着たんですけど、なぜだか分からないのですが、似合うとも何とも思えなかったんです。

着る物には、あまり関心を持たなかったのだろうか。オーダーメイドのスーツ風トゥーピースだというのに。食べる興味は沢山あるが、ちょっとおしゃれ心が芽生える小学生、着るものに関心を示さなかったとは、やっぱり小さい頃から、普通の女の子とはどこか違っていたのかもしれない。

第二章

早くに自立した頃の台所

Independence

幼い頃、可愛がってくれた祖母が、小学二年生のときに亡くなった。八〜九歳頃から、母との二人暮らしとなった。二人暮らしの理由は、幼き日に母が父と別れたためだった。「母子家庭」。このことが、吉沢さんの、その後を大きく支配していくのだが、それは「自立」という気持ちを芽生えさせるときでもあった。昭和初期、この時代の、誰も持たなかった「自立」という強い意志の芽を、たった十数歳で持ち始めた吉沢さん。この前向きな気持ちを、幼き頃から現在までも、ずっと持ち続けてきたのだ。

母と暮らすのが嫌に

祖母が亡くなり、母と暮らすようになって、母に反発するようになっていったという。

どういうわけかしら、母が嫌で仕方がありませんでした。やっぱり、生活もどこか、だらしがなかったんじゃないかしらね。それが嫌だなと、思っていました。

誰でも女の子は、同性である母親に、厳しい視線を持っている。吉沢さんもちょっとだらしない母の姿を、嫌だなと思ったそうだ。

自分の理想とは違う人だから、嫌だなという感じを持っていたんでしょうね。だからだらしなく見えたのかもしれませんね。

小学校のときに、同級生で、いつも洋服をキチッと着ている子がいたんですね。その子が、「うちのおかあちゃまは職業婦人なのよ」と言うんです。その頃、みんな着物の子が多かったんですよ。その子は、ちゃんと洋服を着ていた。それに、「職業婦人」と聞いても、よく分からなかったんです。それを、その子はすごく自慢にしてね。職業婦人って、何だろうと思っていたんですが、学校の先生でした。そのとき、「ああ、うちの親もああだったらいいなあ〜」なんて思っていました。

当時、女性が働ける場所は少なかった。同級生の母親が学校の先生という、職業婦人であったことが、知らないうちに、吉沢さんは自分の母親と比べ、離婚後父親の援助を受けている母を嫌だと思っていたのだろう。そして、母のような生活力のない人にはなりたくないという気持ちを、次第に持つようになったのではないだろうか。

叔父に可愛がられて

母に対する反発心を和らげるように、吉沢さんを可愛がってくれたのが、母の弟である叔父さんだったという。

先ほど話した、トゥーピースを買ってくれたのが叔父です。私、叔父さんに可愛がられて、しばらく、叔父さんの所にいたんです。そのトゥーピースと一緒に買ってくれたのが、小学生全集で、そこには、『小公女』『クオレ』『小公子』『家なき子』など、世界の名作があって、面白くて、読むのが楽しかったですね。初めて読んだ小学生全集ですから。

それに、叔父さんの奥さんが、モダンな人で、いろんな婦人雑誌を取っていたんです。その上、お料理が上手だったんですね。そこで、初めて俵形をした小さめのコロッケを、食べたんですよ。叔母さんが作るコロッケは、俵形をしてた。私は、そういう形のを見たことがないし、食べたこともなかったから、「えっ、これがコロッケだ」と思ってじーっと見つめてたこと、覚えています。

叔父の所には生まれたばっかりの、小さい子がいました。私、悪いことをしてしまったことをよく覚えています。その子がどうも、お腹を空かしていたみたいだから、食べていたチョコレートをちょっと口に入れて食べさせたんです。すると、それが口から出てきてしまったんです。叔母さん、すごく心配して、「何だろう」と。私、本当のことが言えなくて、赤ちゃんを見ていました。黙っていたんです。

最初は舐めてみて、飲み込んじゃったから、平気だと思っていたら、なんか、出てきちゃったんですね。叔父さんの勤め先が、チョコレートなどの高級品が手に入るような会社だったんでしょうね。私はいたずらっ子でしたね。赤ちゃんはいたけど、他には、子供がいなかったから、私が加わって賑やかになったんでしょうね。だから、面白がって、いたずらまでしてしまった。

小学校から高等小学校へと進学し、いよいよ高等小学校を卒業するときが近づいていた。吉沢さんの中に、自活したい気持ちが強くなっていった。

就職して間借りを

今振り返れば、吉沢さん自身、母のことはよく理解できるはずだが、幼かったからだろうか、そのときは、受け止められなかった。

高等小学校卒業十五歳のとき、叔父さんに紹介されて、「時事新報社」に入社するが、所属は社内に設立された財団「大里児童育成会」だった。その頃、東京には欠食児童が大勢いたので、入社した時事新報社の社長・武藤山治氏が大里氏と立ち上げた財団だ。財団では欠食児童にお弁当を配り、工業高校へ行く生徒十人に学費を支援していた。そこで、吉沢さんは、元鉄道院事務次官で、戦後日本出版協会会長を務めた石井満氏と、事務員の方と、三人の職場で働き始めた。内容は事務の仕事で、理事に向けた書類の宛名を書いたり、発送したりすることで、給料は日給制で、確か一日四十銭くらいだったそうだ。

十五歳、高等小学校卒業のとき、叔父の紹介だったかしら、一人暮らしの女性が一軒の広い家で暮らしていて、「部屋があって広いから、誰かに貸したい」と言ったんだそうです。私は「借りたい」と言って、間借りをしたんです。

そのときは、解放感がありましたでしょ

一人で暮らせる、一人でやってみたいという、解放感がありましたね。大家さんの、その女性は、もう三十歳くらいで、どうして一人でいるのかは知らないんですが、そこに部屋を借りたんです。

お勝手道具もそのおばさんの所に揃っていたので、自分のお茶碗とお箸くらいを持っていれば、暮らしは何でもなかったです。

私ではたいした料理も作れなかったし、どうせおいしくないだろうと思ってくれたのか、おばさんがよく作ってくれました。その頃は、私は、そんなに料理にまだ関心を持っていなかったですね。でも、小さいときからちゃんと台所仕事をしていましたからね。お味噌汁の作り方くらいは分かるし、ご飯炊きはちゃんとできるし、おかずだって、煮るぐらいのことは、何でもないし、魚だって焼くくらいは、平気

でしょ? だから、困ったようなことは何もなかったんですよ。

十五歳といえば、中学生だ。今の中学生が親元から離れ、一人で暮らしていけるか、というとちょっと違う。一人前として扱われたいが、親に寄りかかりたいときだ。吉沢さんの自立心の強さが伝わってくる。

勤め先で巡り会った人々

勤め先の事務所がある「時事新報社」には、多才な人々がいた。その人たちとの繋がりが、吉沢さんに大きな影響を与えていく。

時事新報社には漫画部があって、当時有名な長崎抜天《ばってん》さんがいたんですよ。そこへ、年中、私は遊びに行っててました。そうすると、野口さんて言ったかしら、有名な漫画家もいましてね、その人たちが一緒に遊んでくれたりしたんですよ。

出版関係に携わる人たちが、集合していたに違いない。十五歳の吉沢さんにとって、家族だけで過ごしてきた、これまでの暮らしとはまったく違った世界だ。仕事の場でも、会社で出会った人たちとの付き合いが、プライベートでも続いていた。

その中に、ちょうど同年輩の男の子がいました。彼の友だちが、村上浪六《なみろく》さん（大正期に活躍した人気作家）の一番末息子だというので紹介してくれました。根岸の方に住んでいて、みんな仲良しで、私も同年輩でしたので、その仲間に入れてもらったんです。文学少年、文学少女の集まりでした。

漫画部や編集部に出入りしているうちに、吉沢さんに、物を書く仕事って面白いな、と思う気持ちが育っていったのではないだろうか。

こういう仕事って楽しいなと思っていました。それと、私は、ひそかに童話が書きたいと思っていました。

漫画家の長崎抜天氏は、東京市芝区で、一九〇四年に生まれ、「日本近代漫画の祖」と呼ばれる北澤楽天に師事した。一九二四年、二十歳の頃に時事新報社に入社し、「漫画記者」として、新聞に子供向けの漫画『ピー坊物語』や『ソコヌケドンチャン』『ひとり娘のひね子さん』などを連載した。一九四九年に開始したNHK『とんち教室』にレギュラーとして出演し、放送終了まで「長崎生徒」として出ている。その後、「ゆうもあくらぶ」の設立に参加して、後に理事長を歴任した。一九八一年七十六歳で亡くなっている。

童話作家を夢見て

小さいときにね、叔父さんに買ってもらった小学生全集の影響でしょうか。それが、面白くって、私もこんなお話を作ってみたいなって、そういう思いは持っていましたから。でも、そんなのすぐにできるはずもないですし…。

とにかく、楽しい物語が好きでしたね。『小公女』だとか『小公子』なんてありましたでしょ、今ではもう忘れてしまいましたけど。だけど、ああいうのが楽しくて。それから、『グリム童話』みたいなのね、あれも大好きでした。何か、自分でも書けたらいいな、なんて夢みたいに思っていただけなんですよ。

当時は文学少女でしたね。そうでなければ、私の人生は、今に続くようにはならなかったと思うんです。何か、書いてみたい、ワクワクするような物語を作ってみたい、という気持ちがあったと思います。

しかし、一九三一年（昭和六年）、吉沢さんが勤める前の十三歳のとき、満州事変が始まっており、世の中は暗い状況へと変わりつつあった。それに、女性が働くといっても職業も少ないので、結婚して主婦になるという時代だ。そんなときに、夢を持てたこと、それ自体が素晴らしいことではなかったろうか。

私は、夢中でしたから、そんなふうに考えていただけで、時代背景なんて、特に意識してはいませんでした。その時代に生きていたから、その中で、一生懸命に生きていたというだけのことでしたから。今みたいに、少しでも余裕があれば、そういうことも考えられるでしょうけど、若いときではね。一生懸命、何かになりたかったり、覚えたかったりで、時代背景なんてことは、あんまり考えていなかったでしょうね、きっと。だから、今でも「日本児童文学者協会」の会員です。せめて、会員であることに、自分なりの意味を持たせているんです。

文学少年、文学少女の集まりには、村上浪六氏の末息子・鉄夫さんも入っていたので、いつも集まりは浪六氏の家だった。そこで、「何かを出そう」ということで話がまとまり、詩の雑誌を出版する。今のような雑誌ではなく、手書きプリントを束ねたような冊子だ。みんな詩を書いて掲載していたという。

鉄夫さんのお兄さんは、村上信彦さんですね。信彦さんは、ずっと大人で結婚していました。彼が、いろいろと私たちのことを指導してくれました。みんな一生懸命で、だから面白かったんです。集まって詩の話をしたりして、自分たちなりの勉強会をしていたんです。

作家の村上浪六氏は、一八六五年大阪堺生まれ。一八九一年、「郵便報知新聞」の森田思軒《しけん》の勧めで、小説『三日月』を書き、以後、小説家として一世を風靡《ふうび》した。侠客が活躍する小説を得意としていた。大正期には大衆に人気があった。一八九六年出版の『当世五人男』が代表作だ。一九九九年に、『村上浪六歴史小説選　全六巻』が本の友社から復刊している。

村上浪六さんの家の、鉄夫さんの部屋に集まっては、みんなガチャガチャと遊んでるんです。すると、お父さんの浪六さんがね、突然ひょいっと、ふすまを開けて「飴でも、食べるか」と言い、箱を差し出してすぐ立ち去られるんです。ご挨拶をするだけでした。みんなお金がないので、どこにも行けませんから、いつも浪六さんの家でおしゃべりをしていました。

タイプライターと速記を学ぶ

就職した吉沢さんに、最も影響を与えたのは、上司であった石井満氏だ。石井氏は、日本の出版人であり教育学者だ。一八九一年に千葉県に生まれ、第一高等学校在学時代は、芥川龍之介らと同期であった。東京帝国大学法科を卒業。新渡戸稲造に師事し、鉄道院事務官、東京電気局総務課長を経て、一九四六年日本出版協会会長に。GHQの指導で、戦争責任を問われた出版社の粛清を行い、夏目漱石の著作権問題の処理にあたったという。

大里児童育成会の理事長だった、石井先生の事務所では、理事会があると、案内状を出すんです。その宛名や文章を書かなければならないのです。それで石井先生が、タイプライターと速記を習ったら、とおっしゃってくれて。働きながら、タイプライターと速記を学んだんですよ。先生が勧めてくれなければ、ただの事務員でしたが、速記を学んだおかげで、私のその後が広がっていったんです。

石井満氏著書『逞しき建設　主婦之友社長　石川武美の信念とその事業』（教文館）が手元にある。「はしがき」に石井氏は、次のように書いている。

「氏は、事業経営者としては、非常なハイカラである。駿河台に聳《そび》ゆる主婦之友社の近代建築の偉容さと、その内部の組織の整然たる有様を見たものは、誰しもそう思うであろう。ところが個人としての氏は、極めて倹素で、自ら奉ずるところ薄き村夫子《そんぷうし》であって、この点ではまさに、二宮尊徳先生の教訓を、そのまま忠実に実践している人である。だから氏の事業には、微塵も危な気がないのである」

昭和十五年頃、石井先生にはよくお世話になりました。
東中野の櫟林荘《らくりんそう》は、先生のお宅でよく行きましたね。石井先生のお宅には、文化人の方たちが出入りしていらしたので、私は、そんな所でいろんな本に接していました。櫟林荘は、クヌギの木がいっぱいある所だったんです。今、日本閣になっている、あの辺りだったと思います。石井先生が本を作っているとき、おっしゃったことをちょっとメモに書いといてね、と言われましたので、お手伝いもさせていただきました。

――吉沢さんにとっても、懐かしい一冊だったようだ。――

グルメ上司のもとで

――石井先生は、吉沢さんにとって、どんな方だったのだろうか。――

石井先生は、大変なグルメでしたね。私は、いろんな所に連れていってもらって、食べさせてもらいました。大人になってから知ったんですが、立派な星ヶ岡茶寮にも、連れていってもらいました。また、私が勤めている大里児童育成会の理事会があると、偉い財界の先生方が、沢山みえます。私はタイプライターで名前を覚えているだけですけど。そういう方たちのお集まりだから、帝国ホテルとか、東京会館などで会があるんですね。すると、私も、理事会の場ではなくて、一人でご飯を食べなさいと言って下さるんです。でもどうやって食べていいのか分からない。そんな私を見て石井先生が一緒に来てくれて、ちゃんと注文もしてくれました。すごくお世話になって、いろんな立派なお料理を覚えました。先生はよく、ハンバーグステーキを普段召し上がって、アメリカから帰ってこられて間もないせいだったか、

「ハンブルグステーキ」とか発音されていました。私もご馳走になったりして、本当においしいなあ～と思ったんですね。

石井先生もほんと面倒をみて下さって、また、吉沢さんも、物怖じせずに、一緒に行かれたのですね

いろいろな場所に本当によく連れていっていただきました。私が食いしん坊で、どこにもホイホイと付いていくから、みんな面白がって連れていって下さったんですね。ほんとに幸せでしたね。田舎じみた女の子が、帝国ホテルのグリルで、一人でご飯食べるなんていったら、よく分からなくて、泣きたくなっちゃいますよね。だけど、食べたい一心で一生懸命、食べる。東京会館のレストランのプルニエでは、あそこで初めて、生牡蠣を食べさせてもらって、「これはこの時季しか食べられないんだよ」と教えられました。おいしかったですね。

ご馳走されると、ガツガツと食べて、おいしがっていましたね。先生はアメリカ帰りの紳士でしたから、何かとってもモダンな感じでした。私は何しろ、お縁日のパンカツ派でしたから、素敵な方だなと、まぶしく拝見していました。それこそハイソサエティーの世界でしたね。でも、ただの引っ込み思案であるよりも、くっ付いて行ったからよかったんでしょうね。だから私は、それから一路、いろいろな方向に道が拓けたんだと思っています。

好奇心いっぱいで、人懐っこいところがありましたから、ほんとに私は幸せな出会いがあって、皆さんによくしていただいたと思っています。

文化人であった石井氏は、吉沢さんの中に育っている食文化の芽を、いち早く見つけた人と言うべきだろう。

あのときの母の一言

職を持って自立したことで、吉沢さんは、次々と新しい出会いに恵まれ、学びたいことにチャレンジして、好奇心を確実に開花させていった。食はもちろんだっただろうが、おしゃれにも、その花は開きつつあったのだろうか。

とにかく、いろんなことがやりたくて、勉強したくて、それでやること、いっぱい出てくるのです。

体もものすごく丈夫だったんですね。それだけはありがたいことだなと思っています。今までに一度も入院したことはないですし、大きな病気をしたこともないですね。自分で病気みたいだって思ったのは、帯状疱疹《たいじょうほうしん》になったときと、円形脱毛症になったときでしょうか。それぐらいしかありませんでした。

やりたいことをやれる方向に、ちゃんと行っているので、不満やストレスがそんなに無いのかもしれませんね

そういうのに対して、周囲がいい人たちだったので、ありがたかったですね。あんまり邪魔をしたり、批評はあっても、一生懸命だったので、耳に入ってこなくて。何か言われたにしても、どうでもいいや、と思っていたでしょうしね。自分がやりたいことのほうに真剣だった。だから、私、小さいときから、化粧品とか、衣類とかにはあんまりお金を遣ったことがないんですよ。

おしゃれに興味がなかったのでしょうか

石井先生の事務所が、銀座のカネボウの上にあったんです。下の階はものすごくファッション的な所でしたね。小さい頃、母に、「お前はみっともない顔だから、あんまり派手なものを着たりすると、おかしいから着ちゃいけない」と言われたんです。それが何となく、いつも頭にあったんだと思います。だから、ファッションは自分に関係ないと思い込んでいました。石井先生の事務所ビルに、素敵な服なんかがあっても、欲しいとも思わなかったんです。でも、寒いのは嫌だから、暖かいものを着ようというふうには思っていましたし、化粧品でも、コールドクリームだけつけていました。それでテカテカするといけないから、粉白粉《こなおしろい》を艶消しに使っていましたね。

ファッションだの、化粧だのに、お金は遣ってなかったですね。いつも、同じような恰好をしていたと思います。本当言うと、あんまりそういうことに関心がなかったんですね。ほかにやりたいことが多くて。それは、今でも変わりがなくて、五百円の服を着てても、一万円のものを着てても、気持ちの上で、そんなに変わりがないんです。若いときから洋服は、あんまり買ってないんですよ。その代わり、下着類はよく買って、沢山持っていました。洋服もほとんど同じものなので、ちょっとアイロンを当てるくらい。白い木綿のブラウスばかり着ていましたから、洗ってアイロンをかければ、パリッとなりますでしょ。あとは、冬はセーターでいいですしね。それからスーツが好きでした。速記を覚えて、取りに行くときは、いつも黒か紺のスーツでしたね。歳をとって、飯田深雪さん（料理研究家・アートフラワー作家）が、赤いスーツを着ていらっしゃるのを見て、西洋人みたいと思って感心しました。

それに、歳をとると派手にしたほうがいいと聞かされていましたね。姑とハワイに行ったとき、姑が「ムームー買ってきてくれない？」と言うので、ちょっと派手なのを買ってきたら、「あら、いいわね」と気に入って、すぐに着てくれました。やっぱり、昔、洋服を着ていたからですかね。

でも、私は、何とはなしに自分の中で浮いた感じがあるので、ピンクは着たことがないですよ。最近は、足元が気になるので、靴だけは一番履きやすいものを履こうと思っています。鎌田實先生（医師・作家）が紹介して下さった靴があるんですが、ずっとそればかりを履いていますね。靴だけは、唯一、贅沢しています。

ヒタヒタと戦争の足音

一九三一年九月十八日、中華民国奉天郊外の柳条湖《りゅうじょうこ》で、関東軍が満州鉄道の線路を爆破した事件に端を発し、関東軍は満州全土を占領したため、中華民国は国際連盟に訴え、調査団による調査がなされ、報告書の決議により、日本は国際連盟を脱退。一九三三年に日本軍と中国軍は、河北省塘沽《タンクー》で停戦協定を結び、両国の軍事的衝突は停止した。だが、一九三七年盧溝橋《ろこうきょう》事件が発生し、再び中華民国との緊張関係が高まっていく。現地では停戦協定が結ばれたものの、中華民国での排日気運が収まらず、日本人居留地での虐殺事件が契機となって、日本は中国大陸全土で戦闘を行う、日中戦争を開始し、泥沼化する戦闘へと突き進んでいった。その後、真珠湾攻撃より始まる、太平洋戦争へと、さらに戦争を続けていった。吉沢さんが働き始めたとき、すでに満州事変は発生しており、時事新報社で知り合った青年たちとの交流にも、戦争の影がヒタヒタと迫っていた。

友だちと、詩の雑誌を出したりしていたとき、それは楽しかったですよ。集まっては詩の話をしていたんですけど、そろそろ戦争になってきたときには、怖くてね。仲間だった一人が、突然、憲兵に連れていかれたりしました。そういうちょっとした集まりを持つことが、危険で怖かった、そんな時代だったんです。

私が10代後半あたりから、日本は戦争に突入していきました。今思えば、何であんな戦争をしてしまったのかと、今の方たちは不思議に思うだろうと思います。

その頃の日本は、日清戦争・日露戦争の後、戦争に負けたことがなかったのですね。この二つの戦争を、私は体験していませんので、戦争という状態がどういうことになるかは、想像もつきませんでした。

当時の教育も、日本はかくあるべき、という日本の誇りを植えつけるようなもので、素直にそれを信じて生きてきました。それに反発するようなら、非国民となってしまいます。

何より、日本が戦争に負ける、なんて考えたこともありませんでした。当時の多くの人々は皆、そうだったと思います。女性なんて、選挙権もない時代ですので、何か意見を言えるような立場ではありませんでした。

盧溝橋事件が起きて、日中戦争が始まったのですが、今なら、侵略戦争の第一歩だったなどと分かるのですが、当時はあんな遠いところで、お国のために戦ってくださる兵隊さんがいるのかと、ありがたく思わなくてはいけないと言い聞かされていました。どうしてこの戦争が起きたのかなど、まったく分かりませんでした。軍隊や軍人の偉い方々の名誉のために、国民は犠牲にされたんだと、今なら分かるのですが、当時は言論の自由はなかったのですから、何も言えるはずなどありませんでした。

動きがヒタヒタとあったわけですね

もう町では、若者たちがどんどん兵隊にとられていって、仲間の一人も、軍隊に行って、すぐに亡くなってしまいましたけれど…。

そんなとき、いろいろと本のことを教えてもらったり、覚えたりして、村上信彦さん、鉄夫さんのお兄さんにね、『ローザ・ルクセンブルクの手紙』だとか、教わりました。「わ、私も読みたい、本屋さんに行ってくる！」なんて言うと、お兄さんに、「そんな大きな声で言うもんじゃない！」と、怒られました。ローザの手紙なんて、左翼だって思われるからだったんですけど、そんなこと知らないから、大きな声で言ってしまって、今思うと、怖いことでした。
でも、おかげで、いろんな人たちと付き合いができました。

ローザ・ルクセンブルクは、一八七一年にポーランドで生まれ、ポーランド王国社会民主党の政治理論家、革命家、哲学者。一八九八年、ドイツ社会民主党、ドイツ独立社会民主党に関わり、機関誌『Die Rote Fahne（赤旗）』を発刊し、革命組織を母体として、ドイツ共産党を創設。ベルリンでドイツ革命や、一月蜂起を指導するが、多くの仲間とともに捕らえられ、一九一九年虐殺される。

少女時代の夢は、童話作家になることで、文学全集をむさぼるように読みふけった。速記の仕事をするようになり、ますます本との付き合いが増え、文芸評論家、古谷氏との結婚によって、本とは切っても切れない仲に。今こうして数々の本を書き続けていることも、夢が後押しした

第三章

青春の日々の台所

Youth

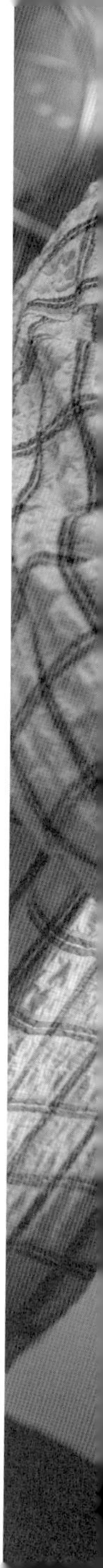

吉沢さんの一人暮らしが、軌道に乗ってきた頃、北海道で再婚した家族と暮らしていた父と、行き来するようになり、吉沢さんの姉妹たちとも、自然と付き合うようになった。間借りの部屋での一人暮らし、新しい友だち、石井先生と財団、会社の漫画部など、吉沢さんの周りは猛スピードで変化し、暮らしの環境もどんどん変わっていったのが、二十歳前頃であった。そんな折、北海道から、異母妹の美穂子さんが上京して、姉妹で一緒に暮らすことになった。

高田馬場のアパートで

妹は声楽を勉強していて、ちょうど音楽コンクールで入賞したときでした。どうしても東京へ行き、音楽学校に入って声楽がやりたい、と言ってきたんですね。私が、下宿暮らしをしていると言ったら、そこに上京して来てしまったんです。父がお金を出してくれたものですから、二人で下宿暮らしをするようになったんです。

そのうちに、妹は音楽を学んでいるので、ちょっと派手な友だちも訪ねてくるようになりました。妹と同門だった歌手の小畑実さんがしょっちゅう、「美穂子ちゃん、美穂子ちゃん」と、遊んでくれていたもんですから、何となしに、そこで下宿しているのが、二人ともいづらくなってきたんですね。すぐに、二人でアパートを借りようということになりました。小畑さんが、ご自分のお姉さんが住んでいたアパートを世話してくれまして、二人でそこに移ったんです。

お二人は、仲が良かったのですか

妹とは、母親が違うんですが、すごく仲が良かったんですよ。お母さんがクリスチャンだったものですから、彼女はよく教会に行っていました。

移ったアパートは高田馬場にありました。駅のすぐそば、前に交番があって、その裏、歩いて一～二分の所で、神田川が流れていました。ヒット曲の『神田川』を聴くと、よく分かるんです。窓の下に、神田川…って、歌詞の通り、窓から下を見ると流れていました。便利な所でしたね。

そこは、四畳半一間に、ちょこっとしたお台所が付いていて、トイレは共同だったかなあ〜。でも、とても快適なアパートでしたね。

妹は音楽学校に通い、私もいろいろとやりたいことがあって、二人とも忙しかったですね。家事なんてきちんとやれなかったし、ほとんどしていなかったんです。私のやりたいこととして、童話を書きたい思いは持っていましたが、目の前のすぐにできそうなことに夢中になっていましたね。

小畑実氏は、平壌出身の歌手・作曲家。テノール歌手の永田絃次郎《げんじろう》に憧れて日本に来る。日本音楽学校に入学。苦学しながら、声楽を学び、卒業後は江口夜詩《よし》の門下となる。この頃に、小畑イクさんに面倒をみてもらったのが、小畑姓を名乗った理由であったという。

デビュー曲は、一九四一年にポリドールレコードから、『成吉思汗』を発売する。この曲は、妹の吉沢美穂子との共唱であった。それからビクターに移籍して、翌年『湯島の白梅』がヒットして出世曲となる。その後、新進歌手として注目を浴びるが、本格的な活動は、戦後であった。『薔薇を召しませ』『長崎のザボン売り』『ロンドンの街角で』など、次々とヒット曲を出し、『星影の小径』は傑作であるといわれる。美穂子さんは、未来のスター歌手と、お付き合いをしていたというわけだ。吉沢さんにとっても、忘れられない人であっただろう。

エスペラントを学ぶ

■ **やりたいことというのは、何だったのですか**

父は、酸素を作る技師だったんですね。技術者で、よくカムチャッカなどに出向き、魚油を使って技術開発をする仕事をしていたようです。そのとき、だいぶ言葉に困ったんじゃないでしょうか、ロシア語は分かりませんから。それで、エスペラント語に興味を持ったらしく、私にも、やってみたら、と勧めてくれて、それでやり始めたのです。今は、もうすっかり忘れてますけど。今でも、新潟にもエスペラントのグループがあることが、新潟日報に出ていたので、懐かしいと連載コラムに書いたら、読者の方から手紙を頂いて、嬉しかったですね。

■ **素直にお父さんの言うことを聞いて、それは、興味があったことなんですね**

その頃は、英語なんて、敵国語だから学べなかったわけです。エスペラント語をやる人ですら、左翼だって言われてましたからね。左翼の人たちとの付き合いは多かったんですが、私たちは左翼でも何でもないから、学んでいました。しかし、やはり少し警戒しながらでしたね。

だけど、それをやったことで、いろんな方とお付き合いができました。エスペラントは覚えていませんが、人の繋がりは、今でもありますし、そのとき付き合った人たちはもう亡くなっているのですが、その娘さんとは、今でもお付き合いがあるから、人間関係は続いているんですね。

エスペラントで知り合った友だちとの友情は、その方が亡くなるまで続き、今では、友だちの娘さんと行き来があるという。このことだけを取っても、吉沢さんのお付き合いの幅広さが分かるし、付き合ったら、長い付き合いをしていることが、よく分かる。吉沢さんは、「嫌な人とは付き合わない」と言われるが、それが真の付き合いであり、また付き合いを続かせる秘訣でもある。

ワンピースで姉妹喧嘩

妹さんは音楽、吉沢さんは童話作家を目指して、一生懸命。性格はどうだったのだろう

私は、女姉妹三人、男兄弟三人の、長女。すぐ下の妹と、若い頃は一緒に住んでいました。その頃妹は、音楽を勉強中でしたね。理由は覚えていないのですが、洋服なんてめったに買わない私が、一度、どこかでワンピースを買ったんですね。友だちに勧められたのか、袖の長いワンピースで、それを部屋にかけといたら、妹が着て出かけちゃったんです。さすがに、私は怒りました。「私が着ていないのに何よ！」と言ったら、「だって、今日は教会に行くから、袖が長くないと神様に失礼だもん」「神様に失礼なんてないわよ！」なんて激しく喧嘩したことがありました。

妹はクリスチャンで教会に行くため、先に着ていかれて怒ったんです。その頃、私は細かったので似合うと思って買ったんですね。妹は、甘えっぱなしの人で、ちゃっかりしていたんです。下の妹の倭文子《しずこ》は、料理が上手でよく働いてくれました。しっかり者の二人がいるので、真ん中の妹は、本当にいい気になって。音楽やってたから、手が変になったらピアノが弾けないとか、そんなことばっかり言うんですね。冷蔵庫に入れておいても、ちゃんと食卓に出してやらないと食べないんです。晩年になっても本当に何もしませんでした。音楽をやっていたから、ちょっと華やかでしたね。古谷の母親と気が合って、母が認知症になったとき、熱海に毎週一回連れていってくれました。二人が仲良しだったので、助かりました。

姉妹でも、性格はいろいろですね

下の妹は、何でもよくできたんです。でも離婚したもんですから、何か仕事をさせないと、と思って、戦後、私が料理番組に出ていましたから、妹に頼んで、全部助手をしてもらいました。本当によくできて、私も助かりましたね。すぐ下の妹、美穂子と一緒に暮らしていましたが、美穂子が結婚したら、自分も再婚したんです。

三人姉妹って、華やかですよね

女三人は一番仲良くしていました。弟たちは、すぐ下が電電公社、その下は父の会社、一番下は、若いときスキーのジャンプの選手で、冬季オリンピックに行ったんです。吉沢広司というんですけどね。イタリアのコルティナダンペッツォ大会に出た、猪谷千春さんたちと一緒です。日本人が冬季オリンピックに出始めた頃でしたけど、二度行きました。でも、オリンピックに出るのは、お金がかかるそうです。「もう、この次行くとしたら、うちがなくなるべさ」と言っていました。二度で済んで、その後は、次のオリンピックの人たちを支えていました。札幌大会で金メダルを取られた笠谷幸生さんを、よくおんぶして遊んだりしたそうです。

吉沢家の三人姉妹は、ワンピース一つで喧嘩するほどの、とても仲良しだったが、弟三人兄弟とは、それほど親しくはなかったようだ。それは、仲良し姉妹で楽しく暮らしていたからかもしれない。

ゆきちゃんとチャコちゃん

今でも付き合いが続いている娘さん。
そのお母さんとは、エスペラントの学会で知り合った

エスペラント友だちのゆきちゃん（江上由紀さん）とは、大の仲良しでした。名前を呼び合う仲でしてね。ゆきちゃんの家は、両国の商家で、二階がいつも広々としていましたから、ゆきちゃんの家に泊まったりして、遊んでいました。その頃は、妹との二人暮らしで、電話もないですから、「ゆきちゃんち、行ってくる」なんて言って、帰らなくても、妹に別にそんな心配もされませんでした。だいたい泊まって来るのが分かっているし、その頃は、夜暗くなると怖かったですから、たいてい泊まっていましたね。遊んだといっても、ずっと、おしゃべりしてました。ゆきちゃんが結婚すると決まってね。いつ結婚するか決まったときに、ゆきちゃんと二人だけで、独身旅行をしようよ、ということになり、下田に行ったことがありました。

ゆきちゃんが亡くなるちょっと前に、手紙が来ましてね。下田に行ったら、二人で旅行したことを思い出した、なんて書いてありました。

一泊旅行ですか

一泊旅行で、楽しかったです。生涯にわたってのお友だちができたのも、エスペラントのおかげです。ゆきちゃんが結婚したのが、エスペラントで知り合った、江上不二夫先生という方なんです。私は、父親に勧められて、エスペラントをやってみたいと始めました。そうすると、そこでいろんな人と付き合いがあったのですが、ちょうど、フランスから帰って来られた江上先生や、宮城音弥先生は、すごく新鮮でした。交換留学生でフランスにいらして、二年間勉強なさって帰って来た直後にお会いしたんです。

「わ、フランスから帰って来た人だ」と思いました。みんなエスペラント語で話している姿に、もうすっかり憧れて、私たちも一生懸命に学んでいました。

妹と二人で住んでいたアパートの二階のいいお部屋に、偶然にも、宮城先生が住んでいたんです。宮城先生は、江上先生ととても仲が良くて、お二人で留学していたんですね。私はエスペラントで知り合ったんですが。

このエスペラントは、私の生き方を決めてくれた、一つの道だったんです。青春の、ど真ん中ですよ。

その後も、江上先生とはお付き合いがあったのですか

私は、ゆきちゃんの所によく遊びに行きましたけど、やがて結婚すると、家のこともあって、前のように泊まりに行くという付き合いはなくなっていきました。ゆきちゃんとは、「ゆきちゃん、チャコちゃん」と呼び合う付き合いだったものですから、江上先生も宮城先生も、面白い方だったから私のことを、「チャコちゃん、チャコちゃん」と呼んでくれて、よく付き合っていただきました。

それは、歳をとられても、ずっと続いたのですか

江上先生は、御病気でずっと入院なさっていました。ゆきちゃんはすぐそばに宿を借りて、そこから看護に通っていました。江上先生が、お蕎麦を食べたいと言うので、茹でて持って行きました。「私、買い物に行く暇がなくて、他の人には頼めないから、下着を買ってきてくれる」と頼まれたりしました。私には頼みやすかったんでしょうね。これもエスペラントから生まれたお付き合いです。

エスペラントは、人の付き合い幅を格段に広げてくれた世界だった。父親に勧められた世界、素直にその世界に飛び込んだ、青春時代の吉沢さんは、やはり、旺盛な好奇心の持ち主だったのだ。

江上不二夫氏は東京生まれ、生化学者。戦後の日本の生化学を牽引した人である。東京大学卒業後、フランス・ストラスブール大学とパリ大学に留学。日本学術会議会長、国際生命の起源学会会長を務めた。考古学者の江上波夫氏は兄となる。ジェームズ・ワトソンの『二重らせん』（一九八〇年）を、中村桂子氏と共訳した。

宮城音弥氏は、東京生まれ、心理学者。京都大学を卒業後、フランスに留学。心理学及び精神医学をわかりやすく紹介し、心理学を幅広く国民に広めた。社会評論分野でも活躍。清水幾太郎、丸山真男らと「二十世紀研究所」を設立した。著書に各都道府県の県民性、県民気質を分析した『日本人の性格』がある。

エスペラントの仲間たちが、出征することになり、壮行会を開いた。多くが戦火に散った

婚約者との出会いと別れ

エスペラントは、さまざまな人との出会い、そして大きな広がりをもたらしてくれた。そこには忘れられない人や、その後の興味を発見させてくれた集まりでもあり、青春の日々がいっぱいに詰まっていた。

エスペラント語で、一緒に勉強した人と自然に付き合って、将来、結婚しようという気持ちになったんですね。その人は、外科医の卵だったんですが。エスペラントで一緒に勉強して、手紙の遣り取りもしていました。次第にそんな気持ちに、お互いなっていきましたね。

デートなどもなさったのでしょう

日中戦争が始まっていましたから、何か特別のように見られることはいけなかったわけです。だから、みんなでよく会っていたというだけですね。彼は、四つ上でしたね、大学を卒業して、いきなり中尉になれるんです。そして、軍医として軍隊に行くわけです。普通は二等兵なのに、お医者様で軍医だから中尉になって、中尉になったからと、軍服を着て、家に来たことがありました。

あんまり背が高くないものですから、おもちゃの兵隊みたいに見えたのです。「うわあ～、おもちゃの兵隊みたいだ」と思わず言ってしまったのです。

着慣れないものだったのでしょうね

軍服だって、きちんと測って作ったものじゃないでしょうし、可笑しくて、笑い出してしまいました。戦地に赴く方に、ずいぶんとひどいことを言ってしまったと思っています。

それで、いよいよ戦地（中国）に行くというときに、ご飯を一緒に食べようということになりました。でも、二人で行くなんてこと考えてもみないのですね。その時代は、自分の奥さんでもない、結婚の決まっている人でもない、そういう異性と一緒に歩くということが、憚《はばか》られたわけです。

彼がもらった僅かな休暇、そのたった一日。ご飯を食べて過ごそうというだけだったのに、それすら憚られてできない。時代なのだといえばそうだが、吉沢さんたちの青春は、いかに閉じ込められたものだったのだろう。

あるとき、ご飯を食べようと、ゆきちゃんを誘って、二人で、行ったんです。でも普段通りの、おしゃべりばかりしてしまい、そしたら、ゆきちゃんが突然、「あんたたち、何やってるの！　あたし、帰る！」と、服部時計店の前で、怒って帰っちゃったんです。二人で過ごす大事な時間を気づかった、ゆきちゃんに帰られて、ポカンとしてしまいました。そう言われたって、何もすることないですし、銀座をブラブラ歩いて、「じゃ、さよなら」って、帰って来たんですよ。

あとで吉沢さんは、「本当に、大切な時間だったはずなんだけれども、ごくごく普通に過ぎていってしまった」と、ちょっぴり悔いている。

彼が、出征して二年ほど経ったときでしたね。彼のお父さんから、戦病死を伝える手紙が来ました。でも、そのときの気持ちは、何と言ったらいいのでしょうか…、亡くなったのを、実際、見ていませんから。手紙の遣り取りはしていましたけど、検閲があるので、当たり障りのないことしか書けませんしね。だから、死の実感がないんですよ。

その頃、私だけじゃなくて、みんな、そんなふうにしか生きられなかったんじゃないかと思うんです。いつまでもずっとこうして考えていても、前に進めないと。でないと、生きていかれなかったんです。私は、もともと、仕事をしていましたから、自分で生きていけるという自信はあったんですよね。

今考えると、気持ちは、強かったなと思います。すべてのことを自分で考えて、その通りに行動しようと、一人で決めて生きてきましたから。

夜学に通って

婚約者の戦病死を知り、その後は、どのように考えられたのでしょうか

彼がしたかったであろうことを少しでも、引き継ぎたい、という気持ちを持ったのですね。彼は、医学を学んで、やっと医師になれたのですから、きっと心残りがあっただろうと思いましたね。

私は、医者になることも何もできないし、彼の思いを引き継げるなら、外科というのは治療医学だけれども、予防的な栄養学なら、私は食べることが好きだから、できるかなあ~なんて、そんな浅い考えで栄養学校に入りたいと思ったんです。

あの頃は、戦争中でしたが、栄養学校が沢山あって、その中の一つ、東京栄養学院という学校にすぐに入ったんです。それで、仕事をしながら、夜学に通って、一生懸命に勉強しました。

そのときには、財団の仕事を続けて、速記の資格は、もう取っていらしたのですか

財団の仕事をしながら、石井先生の勧めで、速記の学校を卒業、速記をとれるようになっていましたから、先生が財団だけではなくて、外の仕事も自由にしていいよ、と言って下さったので、他の仕事もしていましたね。雑誌の座談会の記事をまとめたり、スピーチや演説を原稿に起こしたり、その仕事での収入もありましたから、栄養学校に通おう、と思ったんですね。

母のようにはなるまい、手に職を得て自立した人に、と願っていたことが実現して、毎日が忙しい日々となっていった。財団、速記者、そして夜学の栄養学校へと通う。吉沢さん二十歳から数年すぎた頃のことだ。

スポンジのような吸収力を発揮

この頃の吉沢さんを知る一人が、中村武志氏だ。一九〇九年長野県生まれ。中村氏は旧松本高校を卒業すると、国鉄に入社し、退職するまで勤務していたという。吉沢さんが、編集に関わっていた鉄道青年会発行の『鉄道青年』。この頃、吉沢さんは中村氏と知り合い、仲良くなったそうだ。

中村氏が、吉沢さんのことを書いた記事（一九六〇年・婦人公論）が、ここにあるので紹介したい。

「私が吉沢さんを知ったのは、十七、八の頃だったと思う。当時彼女は、石井満氏の仕事を手伝っていた。石井氏は、時事新報社の嘱託として、市政研究所の仕事をしていたが、助手としての吉沢さんは、きびきびした態度で、よく動き回っていた。今ほどの貫禄はなく、小柄であった。そして、健康で明るく、屈託のない少女であった。

だんだん親しくなるにつれて、吉沢さんの生活力、知識欲のはげしさには、ひそかに驚かないわけにはいかなかった。私という人間が、人一倍怠けものだったから、なお一層驚嘆させられたのかも知れない。これはと思ったものは、何でも取り込んでしまうのであった。

その頃は、今に比べればビジネスガールの数も少なかったが、同時にちゃんとした心構えで働いている女性も皆無と言っていいほどだった。その中にあって吉沢さんは、男性と対等に生きて行こうという意気込みをはっきりともっていた。といっても、男性と無理に張り合ったり、息を切らしてまで競争をするというのではなく、そこには彼女独特の女らしさや雰囲気が漂っていて、決して嫌味がなかった。かわいたスポンジのように、逞しく何でも吸収する吉沢さんに、いろいろな栄養を与えたのは、新聞や雑誌の座談会に集積した、著名な文学者、学者、専門家の諸氏であった。つまり、吉沢さんは、速記者として座談会に出席し、アルバイトをするだけではなかった。そこで語られる真理や進歩的な言説や知識は、すべて吸収し、彼女なりに咀嚼《そしゃく》してしまうのであった」

その一生懸命な姿勢は、九十七歳となる、今でも変わらない。疑問があると、年中考えている。

「ふと、なぜカラスの行水っていうんだろう」とか「ＭＲＩ検査で、もっと科学が発展していったら、人間のこまやかな感情の動きまで読み取られてしまうのかなあ、それは人間社会にどんな結果をもたらすのかな」などといった疑問だ。人は疑問を抱えていても、調べたり、人に聞いたりすることはめったにない。しかし、吉沢さんは違う。疑問は調べる、専門家に聞く、知識を身に付ける、そして納得して、また疑問を持つ。すべては、吉沢さんが持つ好奇心から発せられているのではないだろうか。

中村氏は小説家。国鉄に勤務しながら執筆を続けた。一九三三年頃、内田百閒の随筆を読んで心酔し、三七年に初めて面会。一九五四年に出版した『小説サラリーマン目白三平』がヒット。一九六九年サラリーマン同盟を結成し、土地・住宅問題の市民運動に積極的に参加している。『内田百閒と私』（岩波書店一九九三年）が遺著である。

ミルクホールでシベリアを

夜学へ通っていたときに、よく行っていた所などはあったのでしょうか

シベリアってお菓子が大好きでした。真ん中に羊羹があってね、両面カステラでサンドされているんです。

働き始めた頃、ミルクホールっていうとこでね、ガラスの器に盛って、ミルクと一緒に食べると、ちょっとお腹塞ぎになるんです。仕事の後、夕方から学校に行きましたからね、そういうとき、お腹が空くといけないのでよく食べました。ミルクホールはあちこちにありました。そこは、安くて、牛乳だけ飲むような、あと紅茶とかコーヒーなんて、そんなモダンなものは何もなくて…そんな店があったのです。

喫茶店のようなものだったのですか

喫茶店というと高級でしたが、ミルクホールは、それよりランクが下。そこに、

シベリア、ドーナツ、バタートースト、ジャムトーストなんかがあって、私の月給で、学校に通っていても、それぐらいは食べられましたね。トーストは、一枚を焼いて、半分にバター、半分に苺ジャムがたっぷり塗られていました。すごくおいしかったです。一度お金払おうと思ったら、おばさんがなかなか出て来ないので、ひょいと奥を見たら、調理台にバターが溶かしてある缶が置かれ、中にハケが入っていたのです。ああ、そうか、あれだったら隅々まで塗れる、と納得しました。トーストは五銭ぐらいだったでしょうか。シベリアのほうが高かったですよ、ドーナツとかもね。西洋菓子っていうと、シベリア、ドーナツ。

それから、懐かしいものといえば、中華そばですね、今ではラーメン。一杯七銭で食べられましたね。

金額をよく覚えてらっしゃる

自分でお金払っていますから。市電が確か、七銭でした。それで覚えてるんですよ。今でもあるでしょうか、銀座のモーリ。何でも食べられて、安い店でした。ここにカツライスというのがあって、カツとご飯、それで十五銭くらいでしたね。友だちと、ちょっとお金があるときは、そういうの食べるのが嬉しかったんですよ。コロッケでも何でもないの、カツなの。カツとキャベツ、それとご飯。

吉沢さんの元気のもとは、カツでしょうか

何でも、揚げたものが好きだったんでしょうね。それと、自分で働いたお金を遣えたっていう、喜びも大きかったんじゃないかしらね。おいしくて、お腹いっぱいになったし、それで金額までもハッキリと覚えているんですね。

シベリアは、発祥地、名称由来、食品分類などは、不明のままだ。かなり、古い歴史はあるようで、一九一六年創業の、横浜のコテイベーカリーによると、誕生は、明治後半から大正初期頃で、当時はどこのパン屋さんでも製造していたといわれている。冷蔵庫などなかった時代、ひんやりとした食感と、涼しげな名前が親しまれ、昭和初期、「子供たちが食べたいお菓子NO1」であったと伝えられている。

妹のおかげで焼きたてパンが食べられた

妹と暮らしていた頃の台所には、何もなかったですね。ガス台一つの小さな部屋ですから。二人で暮らしていたときは、自分が食べたい天ぷらとかはしていましたが、たいした料理は作れませんでした。

基本は家で食べていました。よくパンを食べました。代用食っていうぐらい、パンのほうが手に入りやすかったのでね。それにカスタードクリームを作って塗って食べたり、ご飯も炊きましたけど、お米は配給でしたから、あまり手に入らず、うどんやパンを食べていました。

高田馬場には、商店街や市場みたいな所がありました。お漬物から、煮豆まで、住んでいる近くにあったんですね。私は、あんまり行きませんでしたが、妹が出向いて、店のお兄ちゃんとすぐに仲良しになって、煮豆をよくもらってきました。「お姉さん、もらったよ！」と言って戻ってくるんです。甘い物が食べたくてたまりませんでした。あの人はよくもらえるなと不思議なくらい、煮豆とかアンパンなんかをいただき、私は、その恩恵にあずかって食べていました。

書斎から見える庭の花木が
季節の移ろいを伝えてくれる。
仕事の合間に訪れる
見飽きることのないひととき

未来の夫との出会い

仕事が軌道に乗り、夜学へも通っていた頃、未来の夫となる人との出会いがあった。当時、吉沢さんはその人が夫となるとは、思ってもいなかっただろう。

古谷氏との出会いは、どこで

古谷は、写真家のお弟子さんたちの編集工房みたいな所があって、そこにちょっと行っていたときがあったんです。やはり、そこで働いていた人から、古谷が初めて講演を頼まれて話すことになったので、人の前で一時間って言われているけれど、どのぐらいしゃべれるか、ちょっと速記をとってみてくれないか、自分は速記はとれないから、とその人に頼まれたんです。「じゃあ、行きましょう」ということで、古谷の所に行ったんです。昭和十六、七年だったでしょうか。

その仕事をし始めて、古谷との付き合いが始まりました。古谷といろいろ話しているうちに、栄養学校の夜学に通っていたりするのも、すごく感激されて、それはすごい、いいことだと言われたことを覚えています。

そのとき、吉沢さんが抱いた古谷氏の印象はどうだったのだろう。本人からは、直接伺うことができなかった。本人の手記（一九五四年・婦人公論）から読み解いてみる。

「私が古谷を知ったのは、十数年前で、当時古谷の仕事を手伝っていた人の紹介でした。私は速記者として働いていましたが、機会があって一冊の本を出していました。ちょうど『娘時代』という本がベストセラーになっていた頃で、働く娘の感想集のようなものを出したいという、ある出版社にいた知人の企画で、文学少女であった私は、気負って書いたものでした。

はじめて自分の本を出して調子づいていた私を、友だちたちは、ただはげましてくれましたが、この本を読んだ古谷から、私は、はじめてきびしい批評をされました。小利巧で、ものをよくたしかめていない、こんなことでいい気になってはいけないといわれたのです。

私は、自分が調子づいていたことに、水をかけられたように思い、全くその通りだと感じました。

　また当時私は、私としては最上のおしゃれのつもりで黒ずくめの服装をしていました。そういう私を、古谷は、どうしてナチみたいな恰好をしているのかと聞きました。母親から言われ続けた言葉『目立たないかっこうをして、人の気のつかないところに気のつく女にならなければ』という、私の説明に、古谷は『目立たない服装として黒という色を選ぶセンスはどうかと思う』といい、そういう生き方は、身がまえているだけではないかと、こっぴどくやっつけられました。

　私が、こういうことをはっきりと覚えているのは、私にとって、これが新しい自分の出発であったからです。私のなかの無意識の自分を、古谷に引き出されてみて、この人がいつも自分の身近にいてもらいたいと思ったことは正直な気持ちです」

　ものごとを深く、正確に見て、はっきりとものを言う古谷氏に、吉沢さんは、今でいう「嫌味なこと」を言われたはずだが、それを、無意識の自分を引き出してくれる人と、前向きな気持ちでとらえている。初めての出会いで、古谷氏に対して、好印象を抱いたということだったのだろう。

古谷綱武氏は、文芸評論家。外交官の父、重綱氏の赴任先、ベルギーで生まれ、ロンドンで育った。成城高等学校では、大岡昇平氏、富永次郎氏と同級生。早くから、谷川徹三氏に師事。一九五四年（昭和二十九年）大岡、富永、河上徹太郎、中原中也らと、同人雑誌『白痴群』を創刊。評論や小説を発表。その後、太宰治、尾崎一雄らとも知り合う。

主著『川端康成』、『批評文学』、『横光利一』、『文学紀行評論感想集』、『作家の世界』、『生活の心情』、戦後には、児童文学論、女性論、人生論などの著書を多数出版している。福井県坂井市春江町西太郎丸15の22　坂井市立春江図書館内に「古谷・吉沢文庫」が、開設されている。

老婆聞き書きの旅で

そうして、古谷氏の仕事を手伝うようになっていく。それは、次第に増えていき、古谷氏のよき協力者となっていった。だが、社会情勢は、日中戦争が深みにはまっていき、さらには、一九四一年十二月八日、日本は真珠湾を攻撃して、太平洋戦争へと突き進んでいった。

古谷といろんな仕事のことも話しているうちに、今、もう文章を書く仕事は、あんまりなくなって、従軍記者の仕事ならあるけど、行きたくないと言っていました。だから仕事がないわけです。それで、暇になったときに、今なら、人の口から百年の歴史が聞ける。だから、そういう仕事をやろうと思うんだけど、一緒にやらない？と誘われたんです。あ、面白そうだなと思って始めたのが「老婆聞き書きの旅」。一緒にやらない？　と言ったのは、私に速記をとれということだったんです。

太平洋戦争が始まった頃のこと、吉沢さん二十三歳

これまで、暮らしについてはほとんど関心を持たなかったんですが、この老婆聞き書きがきっかけになって、暮らしのことを考え始めたんですね。人はみんな暮らしているけれども、本当に暮らしというものを考えたことはないなあと、そう思ったんです。それで、そういうことにも関心を持ち始めたんですね。

いろいろな人を見つけられて

自分でもいろんな人を探しましたね。たとえば、妹は音楽学校へ行っていましたが、ちょっと教えたりもしていたので、その生徒さんのお母さんが福島県の小名浜に暮らしているというのを聞き付け、そこにも訪ねて行きましたね。その方は、まだ五十代でしたのに、自分が二十代だったので、老婆に入れちゃったんです。

京都の雲ケ畑、出雲、松江辺りは、ずいぶん長い間通いました。

四国も行きました。古谷がお世話になった宇和島の松本良之助《りょうのすけ》※先生という方のお母さんが、ちょうど百歳近かったんです。その方に一生懸命話を聞いたりして、孫みたいにお世話になりましたね。

※宇和島町出身の社会福祉・社会教育者。宇和島中町協会日曜学校長のとき、宇和島に暮らして日曜学校に学んだ古谷綱武氏に影響を与え、読書への関心を深めさせた。

朝起きると、枕元に紙に包んだお菓子が置いてあるんです、孫だと思って。おめざ[※]だったんですね。

そこから、次のエネルギーとテーマを持たれて…

そこからいろいろと、考えさせられたことから、次の仕事のテーマも浮かんできました。その頃に、いろんな話を聞けました。たとえば「帆待ち《ほまち》」なんて言葉、どうしてそう書いてあるのか分からないけれど、隠してるお金、へそくりのことなんですね。それは、自分が自由に使えるお金を意味してるんです。立派な庄屋さんの奥さんでも、自分のお金ってなかったんです。生活費に対しては、旦那様に言えば出してくれる、だけど、おこづかいをくれとは言えないのです。やっぱりそれが、昔の女の生活だったんですね。だから、女の生活ってこう厳しかったんだな、というようなこと、本当に勉強させられましたね。

もっと前は「洗濯帰り」というお話で、実家に帰ると言って行くんです。そうすると、そこで下駄、半襟など、女の衣類を買っといてくれる。女が着る物は実家が

※子供が目を覚ましたときに与える菓子の類。

賄《まかな》っているんです。糸を獲る、織ることから、全部やってきた日本の暮らしでは、衣類は本当に大事にされてきた。だから、女が着物買ってちょうだいなんて言えなかった。雑巾というのは使えなくなった、布きれを集めて縫い合わせたから雑巾だったんですよ。嫁入り道具の中の着物が、今の私たちが見たらへぇ〜と思うような、おばあさんみたいな柄のがいっぱいありました。一生着られるように、地味な柄のものばかりだったんです。そういうことも直接おばあさんから聞きました。

この老婆聞き書きのときに、「人は歳とるけど、着物は歳とらんけんなあ」なんて言葉に、私は泣いてしまいました。そうして一年の初めには、家族みんなに晴れ着を着せなきゃいけないわけです。それが女の甲斐性なんです。畑仕事も全部やってね、その他に着物を織って、それが女の暮らしだったんです。

老婆聞き書きで、もう一つ印象的なことがありました。それは、女優の北林谷栄さんのおばあさまにいろいろと、話を聞きに行ったことがあったんですよ。その頃、お米は配給だし、いろんな物がないときだったんですけど、ある日、私どっかからの帰りで「今日は仕事の帰りで」と言ったら、「ちょっとお待ちになってね」と言って、出してきて下さったのがね、小さなおにぎりの上にね、浅蜊《あさり》の佃煮、沢庵、生姜だとかが、ちょっちょっとのってる、こんな小さなおにぎりを五つぐらい出して下さった。それがすごくおいしくてね。「ああ、こういうもてなし方もあるんだなあ」と思って、ものすごく感激したことがあります。この人は、仕事の後でうちにやって来て、今、お腹空いてるだろうなと思ったら、おにぎりを、ちょっと出してあげる、そのおにぎりの出し方にもこういうことがあるんだなあ、と深く学んだことがありました。北林さんのおばあさまは、すごく私の印象に残っていますね。

次第に食べる物が…

次第に戦局が悪化していき、食べる物が減ってくる。食いしん坊の吉沢さんは、徐々に苦しくなっていった。

この頃、何が食べたかったたかですって？　だって何にも食べられないから、全部食べたかったですよ。食べたい物があっても、高くて買えない、どんどんなくなってきて年中何か食べたいと思っていました。妹と二人暮らしで、まだね、妹がご近所のお兄ちゃんたちと仲良くなって、甘いお豆なんて食べられましたけどね、やっぱりなかなか多くは食べられなかったんです。だから、あの北林さんのおばあさまの、私にして下さったことはとても印象に残っています。

みんなが、物のない中で、一生懸命に工夫して食べていた

私は、工夫して食べていましたね。毎日、朝、芋粥を作っていましたね。お米ないでしょ、だからまずいお芋でお腹をごまかしていました。お芋は配給であったんです、農林一号なんかが。お芋とお米少しをお粥にしてね。ちょっとそうすると、甘味も出るのですね。そういうのが、ものすごく工夫を必要とするんです。どのくらいお芋を入れたらおいしくなるかってね。で、ちょっとお塩を入れたら甘味が増すなとか、そういうことばっかり工夫していましたね。

第四章

戦時下の台所

War

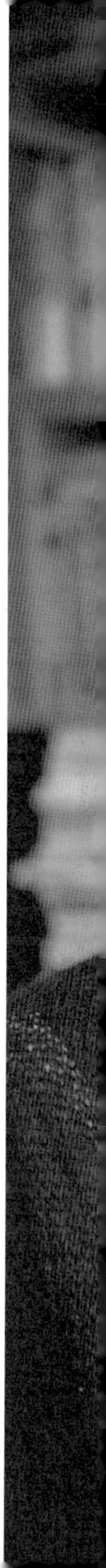

一九三一年に始まった満州事変は、収束するかのようにみえたが、火種は消えずにいたようだ。一九三七年の盧溝橋事件をきっかけに、日中戦争が泥沼化していき、翌年に国家総動員法を成立させてまでも戦争を続けた。そして一九四一年には真珠湾を攻撃し、アメリカを相手国として太平洋戦争へと進んでいった。吉沢さんの、十三歳から二十三歳までの十年間という歳月である。

だが、戦争がここで終わったわけではなかった。敗戦までの、後の四年間が、もっとも過酷な暮らしを強いられたのだ。それは、食糧難である。食いしん坊の吉沢さんには、今の私たちには想像できないほど、つらい経験だったに違いない。

暮らしを考えさせてくれた旅

戦争が過酷になる前、「老婆聞き書きの旅」に出られ、そこで、暮らしについて関心を高めるようになっていった

地方の暮らしを知るようになって、本当に暮らしというものを考えたことがなかったなあ、と思い、関心を持ち始めたんです。それで、生活に関係していたり、食べることに繋がったりするいろいろなことわざで、生活の知恵を伝えていく、そういうのを教えてもらったんです。

伊予（愛媛県）の漁村の七十代のおばあさんから、「這っても黒豆」を聞いたときには、可笑しくて笑い出してしまいました。それは、まだランプの生活だったとき、油節約でランプを使わないから、家の中は薄暗い。そんなとき、頑固者のじいさんが、「ほれ、黒豆が落ちてるぞ」と畳の黒い点を見て指すと、目のいい孫が「あれは虫じゃ」と言う。「いや黒豆だ」とじいさんは自信を持っている。やがて黒い点

が這いだす。家族は大笑いをするが、でも、じいさんは譲らない、そんな頑固者をユーモラスに皮肉る言い方が、「這っても黒豆」というお話でした。面白いですね。ご飯の炊き方も、そうですね。「はじめちょろちょろ中パッパ、赤子泣くともふた取るな」なんてね。

宇和島の古谷の先生（松本良之助先生）の妹さんに、いろんなこと聞くものですからね、「それは違うがな」と言って、よく教えてくれましてね。それでまた、いろいろと覚えました。季節の食材の出合いもののことわざも、そのときに学びましたね。

「桜鯛」なんてあるでしょ、「桜鯛って言うけれども、麦わら鯛は猫またぎと言うよ」なんて言って。六月の鯛は猫も食べないぐらいおいしくないってことなんですね。その代わり、六月においしいのは伊佐木《いさき》で、「麦わら伊佐木って言うだろうがな」なんて、そういうことを全部教えてくれました。ことわざで教えるのって、いいですね。すぐに覚えられるでしょ。そのおばさん、きよさんっていうんだけど、大きなお皿なんかとっても大事にしていて、私が、「これいいな」って言うと、先生がね、

「きよがいないとき、持ってけ」って、貰ってきたんです。本当に、沢山の方々にいっぱいいろんなことを教えてもらいました。

調理の技術にしてもそうですね。「糠味噌はおなごの顔が好き」[※①]だから毎日何度も顔を見せれば機嫌がいいなんて。「ハスはかりかりふたいらず」[※②]「魚の一返し、餅の千返し」[※③]という煮方、焼き方も、こうやって教えられると、生活の知恵も身に付いていくんじゃないかしらね。

食いしん坊の吉沢さんは、おいしく食べる工夫を、「老婆聞き書きの旅」で聞いた、こんなことわざから、身に付けていったことがよく分かる。そして、暮らしへの関心を深めていったという。そのときの聞き書きノートは、残念ながら手元にはないそうだ。

※①お嫁さんに、糠床は毎日、忘れずに具合を見ないといけないことを、やんわりと教えることわざ。
※②ハスをカリカリッとおいしく煮るには、ふたをしないで煮るといい、と煮方のコツを教えることわざ。
※③お餅は何度もひっくり返して焼くほうがよく、魚は裏・表を一回ずつ焼いて身をくずさないほうがおいしいという焼き方のコツを教えることわざ。

三つの仕事を

戦争中も、仕事はされていたのですよね

その頃には、時事新報社の財団を辞めて、栄養学校も卒業して、主に、フリーの速記者としての仕事が中心でした。でも、戦争が次第に厳しくなるにつれて、フリーの立場では、きちんとした勤めとはみなされず、どこかに所属しているとか、肩書があるとか、誰かの奥さんの立場の者じゃないと、徴用されて、軍需工場などで働かされることもあったのです。それで、速記の仕事で縁があった、鉄道関係の教科書を作る会社に所属して、フリーの速記者としても、働いていました。

吉沢さんが書いたものによれば、

「鉄道教習所というところで、定期的に所長や教官の話を速記していた関係で、現場に働く人たちの技術書や規則などの教科書を作る会社ができたとき、その会社に入ることができた。社長に就任されたのが、以前から仕事でおめに

かかっていた、お役人にも珍しい文学関係の人々ともつきあいのある方であった。その方にお願いして入社を許してもらったので、大変しあわせな職を得た」ということである。

今の神田須田町の角に地下鉄ビルがあったんですよ。万惣という果物の店が入っていた七階建てのビルがあったんです。そこに毎日勤めに出ていました。

古谷氏の手伝いもなさっていたのですか

「老婆聞き書き」から、少しずつ手伝うようになって、秘書的な仕事もしてたかしらね。あんまりよく覚えていないんですよ、いろいろとやってましたものでね。フリーの速記者でしょ、それと教科書会社、それから、古谷の仕事の手伝い、これが次第に多くなっていきました。だから、結構忙しくしていたと思いますね。しっかりとは覚えていませんが、何か、仕事をいくつも掛け持って、同時にこなしていましたね。

古谷先生の留守宅を預かる

そのときの住まいはどちらでしたか

まだ、妹と二人でいましたから、神田川に近い、高田馬場のアパートでしたね。でも、その頃は、もう妹は声楽家として、演奏旅行なんかに出かけていたりしていましてね、家も留守がちにしていました。十八年から十九年頃でしょうか、私は、古谷を手伝っていました。ちょうど、その頃だと思うんですが、妹が結婚しまして、私はまだ独身でしたから、古谷の所に召集令状が来たとき、家の留守番をしてくれ、と頼まれたんですね。先生の頼みだし、アパートは私だけで住んでいましたから、そのアパートは、ちょっと空けといてもいいんじゃないかと思ったんです。それで、古谷の家に移ったんですね。留守番したのは、十九年の終わり頃です。

それで、『あの頃のこと』（清流出版）にある、日記をつけられたのですね

古谷は、「踏みとどまって、できるだけ詳しく、記録してくれ」と、言っていました。ただ、見たこと、思ったこと、感じたことをそのまま日記にしていました。まだ、その頃は物書きでもなかったのですが、書くことは手慣れていました。ちょうど昭和十九年の十一月一日から、日記を書き始めているんです。

アパート焼失

『昭和家庭史年表』（家庭総合研究会編・河出書房新社）の昭和十七年のコラムがある。それは次のようにあった。

「米や麦などの主食が底をつき、農林省が搗《つ》き減りを少なくした黒い配給米を実施したり、玄米食の普及を図るなど、食糧難と節米に対処するための対策が講じられていた昭和十七年、理研が〝栄養本位のパン〟として、サツマイモで作った代用食、芋パンの研究を開始した。これはサツマイモを生のまま細かく切ったものを乾燥させて粉にして、約4割を小麦粉に混ぜ、イワシの粉を五分、昆布・ひじき・あらめなどの海藻類を二分、ビールの酵母一分を混ぜたものだった。これが完成したのは、昭和十八年になってからで、給食など多くの食糧を必要とする場所で、米に代わる主食として期待された。しかし、時局はますます悪化し、やがてイモも手に入りにくくなったため、人々の腹を満足させるところまではいかなかった」

これは、昭和十七年のこと、かなり悪化している様子である。昭和十九〜二十年、吉沢さんは、アパートを空き室にしておいたが、連日、東京は空襲の日々で、アパートは焼失したという。

アパートに、残された物があったのではないのですか

置いといたんですけど、すべて焼けちゃったんです。その頃、何もないですから。詩集とか、そのくらいでしたから。そう、宝物は持っていなかったんですよ。焼け

ちゃったから、どうしようもない。かえって、さっぱりと片が付いたみたいでした。

焼け跡に行ったりはしなかったのですか

もう焼けちゃったというから、仕方がないですね。あの頃、そんな焼け跡を見ても何にもならないですから。本当にもとの町の姿も分からなくなっていましたからね。だから、もう、諦めるよりしょうがないことで…。古谷の留守宅にいるより仕方がないと思ったのです。

生活力を発揮して

昭和十九年ぐらいになって、何もなくなった頃に、私、百二十円の月給で働いていたんですが、そのときに、一貫目※二百円だったかしら、高価なお砂糖を買っちゃったんですね。どうしても、甘い物を食べたかったんでしょうね。ほんと、今考えると、不思議。

どのようにして食べたのですか

お紅茶に入れたり、それからちょっと煮たお豆に入れたり、砂糖を舐めるってよく言いますが、飲み物や料理に使いましたね。本当に、食べられないときの、苦しさは大変でしたね。甘い物がないと、イライラしてくる。「食べたい、食べたい」と思う。それでなくても、焼きたてのアンパンが大好きでした。妹と二人で住んでいた、アパートの近所にパン屋さんがあって、朝、焼きたてのいい匂いがすると、「あ、パンが焼けてるみたいだ！」と、いつも買いに走りました。

※１貫は3.75kg。1000匁。

パンがあるときは、まだよかったんじゃないですか

そのうちに、次第に食べるものが無くなってきましたね。お茶殻だって佃煮にしましたもの。

お茶殻が佃煮になるのですか

茶殻で、ほんとまずいけどね。でもどうしてかお醬油があったんですね。買ってあったのかなあ、忘れてしまいましたけど。お醬油でカラカラに煎って煮るんですね、すると、案外食べられたんです。だからああいう物だって絶対に捨てないで、乾かしておいて、枕なんかに入れて、お茶殻の枕にもしました。

それに、麦飯、芋飯。お米なんてもうほんの少ししか入れられません。今、雑穀ご飯は体にいいなんて言ってるけど、雑穀ご飯は嫌いなんですよね。今では、栗ご飯とか、筍ご飯、きのこご飯とかは好きですけどね、でも他は嫌ですね。なんていうのかしら、ちょっと珍しかったりするんでしょうけど、普段のご飯には白いご飯

が一番ですね。

火はどうされていたんですか

炭でしたが、焚く物だってないでしょ、マッチもなくなってきて。何で知り合ったのか忘れましたけど、アイスキャンディー屋のおじさんと、仲良くなりましてね。「アイスキャンディーはもう作れないからどうしようかな、廃業だよ」とおじさんが言うのを聞いて、その棒みたいなのを全部譲り受けたんです。それを付け木代わりにしていたことを覚えてますよ。

棒状で、ちょうどよかったですね

そういう物のないときというのは、ものすごくいろんな工夫をしましたね。生活するコツを覚えました。炭をおこすことをはじめ、すべて昔のことを知っている人に、教えてもらって覚えていきました。

燃料はどうしてたんですか

ガスはね、朝と晩、二時間くらい出るんです。その間に何もかもやらなきゃならないでしょ。そういったって、勤めに出ているとできないもんですから。

当時、疎開っていう、どこかに行くのも疎開だったんですけど、家を強制的に壊して空襲があったときに延焼を防ぐために、開けとかなきゃいけなかったんですね。そこら辺の家を、私も壊しに行ったことがあります。そうすると、倒した木を十貫目、貰えるんです。みんな綱引きみたいに家に綱をつけて、引くんです。その頃、やらなければ怒られる、非国民って言われます。壊した木を、担いで帰りました。うちまで帰って来ると、わあっとひっくり返っていました。本当に、大変でした。今、そんなことを言っても、みんな分からないでしょうけど。

今、ガスや電気ですから、パッと付きますものね

ガスはあまり使えませんでした。マッチで火を付けて、炭をのせれば火はおこせますが、そんなの使うのはもったいないと思いました。ガスは料理のときに使わな

いといけないから大事にしていました。家の木切れでも落ちていると、絶対に捨てないで、一生懸命に、それを使ってご飯を炊いたり、お粥を作ったりしていました。だから本当に、苦労しました。

吉沢さんのキッチンの調理台の下には、一度使用して裏返したポリ袋、野菜の水分を拭き取って使用し乾かしたキッチンペーパー、使用済みの紙袋などが種類別になって、次の出番を待っている。外でお茶を飲んだりするとき出される紙ナプキンは、再利用するために持ち帰り、ガス台の汚れを拭き取ったりする。使えるものは最後まで使う。こうしたものを捨てずに利用することは、多分、戦争中に身につけられたことだと想像される。

同居生活を

留守宅に、古谷氏の弟の綱正さんたちが同居された

男三人の洗濯物だって、大変ですからね、手でやるんですから。それだけじゃない、食べることから世話しなければならない。だから手だってひどい手でした。でも、まあ、それをやってこられたのは、何ていうのかなあ、丈夫だったからでしょ。

なよなよなんてしていられなかった

あの頃の自分を思い出すと、ほんとに、毎日、下宿のおばさんのように大変だったなあ、と思い出されます。配給は玄米しかないので、お米を搗いてね、一升瓶に入れて。あれを搗くのに、歯磨き粉を入れると早く搗けると、歯磨き粉を入れて搗きました。搗いた糠は、僅かな小麦粉と一緒にビスケットにして食べました。ある

とき、歯磨き粉を入れたの、忘れちゃってね。夜中に大空襲のとき、綱正さんたちと、何もすることないし、お腹空いたから、ビスケットを食べようと出したらね、綱正さんが、「このビスケット、プ〜ンと歯磨き粉の匂いがするよ」と言うのです。「いけない、歯磨き粉、搗くとき入れたんだ!」と言って大笑い。男三人と暮らしていました。みんな新聞記者だから面白がって、ずいぶんと気が紛れましたよね。

昭和二十年になると食糧は乏しくなって、生き延びるために、必死でいろんなことをやっていた。

本当に、途方に暮れている

焼け野原だけになった様子を写真で見ても、今とは全然違うと思われるでしょうね。でも、その中ではそれなりの生活が営まれていて、そんなことは今の人には分からないでしょう。

古谷家の男兄弟３人と、末の妹の信子さん。長男、綱武氏（右から２番目）を中心に、大変仲の良い兄弟だった

日々生きるためだけに

昭和二十年三月十日の空襲は、町の姿を一変させ、国民に敗戦を予感させた。そして、五月二十五日には、三月の東京下町の大空襲に続く、広範囲の東京大空襲があった。

誰も彼もが、生きることに精一杯で、明日どうなるか分からなかったんですからね。日記に書いた、その間が一番つらかった。銃後の女性とかなんとか、言われていましたけど、銃後じゃなくて戦場だと私は思いましたものね、毎日ね。あの谷川徹三先生が防空ずきんといわれた綿帽子をかぶって、火叩き棒※を持って立ってらっしゃって必死なご様子でしたよ。皆がお腹を空かしている、そういう時代でしたね。

「あの戦争の時代を生きてきたからこそ私は、どんな事情があっても、戦争はいやだといい、してはならないと思う。戦争は私たちのごくふつうの生活の中

※棒の先に、はたきのように、縄を付けたもので、ぬらして火を叩き消すための道具。

にある、ささやかなしあわせを奪ってしまうからだ」と、吉沢さんは書き残している。

書斎の机にいつも用意されている専用の原稿用紙と万年筆。
40年以上続いている、新潟日報のコラムもここで書かれてきた

食べること第一に

戦争中、食べることに一生懸命に

私は、小さいときから食べることが好きでしたから、戦争中の本当に食べられないときの苦しさはひと一倍でしたね。庭の草だって食べました。庭に野菜を作っていましてね。当時は馬が荷物を引いて通っていましたから、その落とし物があるんです。それを拾いに行くんです。本当ですよ。馬糞を肥料にして、野菜を作って、何もかもやりましたよ。

ここら辺、酸性土壌だからほうれん草ができないと言われ、灰を集めて土に混ぜて、一部だけですけど、アルカリ性にしたんです。毎日、毎日、一生懸命にそうやって庭の畑を耕しました。指導は近所の農家のおじさん。ほうれん草ができたときは嬉しくて、「おじさん、できた！」と言いに行きました。木を燃やしていましたから、灰をずっと集めておいたんです。

それから、固くて食べられない変な小豆が配給で来るんです。それをムシロを濡らして、全部間に入れて、モヤシにしようと作りました。固くて食べられなさそうなのを全部モヤシにしたんです。

すごい生活力ですね

私は、生活力には自信があったんですよ。モヤシって豆じゃないですか。これをまけば芽が出てくるので、水をやっておこうと思いました。たまたま、ここら辺、まだ農家が多かったものですから、農家のおじさんと仲良くなって、いろんなことを教えてもらい、人と付き合うのに変に警戒したりしないもんですから、皆さんが良くして下さったんですね。だから、年中、本当に食べることばかり考えていました。ひどい時代でしたが、夢中になってやっていました。食べることに夢中だし、明日どうなるか分からない中でね。衣食住、全部何もないんですから。その中で生きていこうと思ったら、何もかも自分でやらないとならなかったんです。

戦争が終わって

昭和二十年八月十五日、敗戦の玉音放送を街で聞く。

そのときの率直な気持ちはどうでしたか

やっぱり、戦争が終わったっていうとき、涙が出てきましたね。それは私は一体何やってきたんだろう、この戦争って何だったんだろう。自分の青春時代だったのに、そして自分が結婚しようとした人もいなくなっちゃったし、何だったんだろうと思ったら、やっぱり、ちょっと涙も出てきました。戦争がなければ、ずーっと自由に、平和に生きてこられたのになあ、という気持ちがありました。本当にみんな、焼け出されてしまったんですから。何もかも無くなっちゃったなあという感じがして。何だったんだろう、この戦争はと思いました。

でも、ああ、これで終わったという、明るさは感じましたね。「これからがほんとの生活なんだ！」といった切り替えの気持ちがもうありました。同時に、もう二度と嫌だということも思いました。今、私は、発言できるところでは、必ず「戦争は嫌です」と言っています。私は戦争を経験してきたから、嫌なんですってね。戦争は嫌だ、それだけです。

戦争中の仕事、生活、身を守るさまざまなことを、経験してきた吉沢さんだから言えることである。すべてが豊かになり、生活に困ることのない私たちの暮らしは、揺るぎがないかのように思えるが、近頃はそうとも言えないかもしれない。戦時下の吉沢さんの体験を、今、私たちは深く、再考していくべきではないだろうか。

第五章

家事評論家誕生の台所

Household task

敗戦となっても、暮らしの混乱は続いていた。むしろ、敗戦後のほうが生活は困窮したという。それは、戦地から戻れない人たちが多くいて、農地や漁業などがそのままになり、食糧生産の目途がなかなか立たなかったからだ。それだけではない、生活を再建させるためには、木材など建築材料が不足し、材料を造り出すエネルギーすらままならなかったからだ。その弱り目を知っているかのように、台風や洪水などの自然被害も頻発し、敗戦後の生活は、さまざまな困難を強いられた。

そして、戦後から十年あまりを経て、ようやく、暮らしにも安定が見られ、人々の目も、生活へと向くようになっていく。そうした困難な時期を乗り越えて、吉沢さんは結婚して、家庭を通して見えてきたこと、よりよい暮らしのためのアイディアを、公に肩書を得て、フリー速記者や古谷氏の秘書ではない、新たな仕事をスタートさせる。社会に必要とされた「家事評論家」の誕生である。

阿佐ヶ谷闇市の思い出

敗戦後すぐの、まだまだ、食糧困難が続いていたときである。古谷氏の留守を維持した吉沢さんだったが、引き続き速記者として、仕事をこなす奮闘の日々が続く。

阿佐ヶ谷の商店街は、どんな様子だったのですか

商店街はあったんですが、まだ、そんなに物がなかったんですよ。だから闇市があった。阿佐ヶ谷の駅前なんてね、ひよこなんか売っていたり、何でも売っていました、闇市では。それから、だんだんいろんな店ができてきましてね。でも、初めはやっぱりヤミの物を売っていたんでしょうね。駅の前は広場だったんです。そこに、ヤミの飲み屋ができて、それから駅に沿った所にも店ができていました。

高円寺の方向に行く所、あれが一番街っていってね、闇市だった。そこは、仕切る人がいましたね。そういう時代でした。

何だか、一番街っていうのは怖くて、私は行かなかったんですよ。駅前のロータリーでは、モツ煮込みなんかを売ってて、その中にタバコのラッキーストライクの紙が入ってたり、めちゃくちゃでしたね。もう、本当にいろいろなものを、残り物なんかもパーッと、売ってたんです。

終戦直後のことを考えると、私たちは、食べる物がなかったから、いろいろな物を売りながら食べて、生きてきたんだなあと思いますね。食べ物のほうがよほど大事でした。

中村武志さんて、目白三平ものを書いていた小説家ですが、彼なんか、あのとき、本とかいろんな物を、阿佐ヶ谷の駅の前で新聞紙を広げて座って、パーッと売って来た！　なんて言っていたことを、よく聞きましたね。

今の、フリーマーケットのようなものですね

闇市の、ちゃんとした決まりみたいなものがなかったんですね。それから、場所を仕切る人たちが、自分たちの場所だっていうことで、お金を取ったりするようになっていきましたね。

駅の前には、屋台があって、文士の奥さんが飲み屋なんか出していて、古谷とよく飲みに行きました。

阿佐ヶ谷や荻窪なんかは、文士が多くいらしたのでは

中央線沿線の文士たちが沢山いました。井伏鱒二さんも、よく、そんな所でおみかけしました。

みんな静かに飲んでいても、議論して、険悪になることもあるのね。みんなが、おトミさんの店と呼んでいる店で、荒々しい声で議論が始まったことがあり、そこにちょうど井伏先生がいらして、「あのねえ、おトミさんがおシッコに行きたいんだって。ちょっと休憩しませんか」と言いました。優しいお声で。すると、みんな「ははは…」なんて笑い出したんです。井伏先生って素敵な人だなあと思って、私、感激したんですよ。

文士たちも、そんな所で飲んでいた

そのうち少しずつ、お金を持っている人が店を構え始めたりしまして、町が変わっていきました。阿佐ヶ谷に、一軒だけすごく素敵なお店ができたんです。それは、綺麗な女主人がいる、甘味屋さんでした。そこのマダムが、いつもおしゃれにしていらして、その頃、人気だったスピッツを飼っていたんですね。

すごいなあ、あの店は、一度は入ってみたいなと思っていたら、国語学者の金田一京助先生に道でお会いしたんですね。すると、金田一先生が「お汁粉いかがですか」と、その甘味屋さんに行こうとおっしゃるのね。だからもうすごく喜んでついて行きました。とっても甘くておいしかったです。

それで、ああおいしいと思っていただいていたら、先生は、ぱっぱっと素早く食べてしまい、「もう一杯いかがですか」なんて。私はさすがに食べられなかったけど、先生も、甘い物に飢えていらしたんでしょうね。

また、その闇市で、大福餅を売っていると聞いたので買いに行きました。そして、そーっと外から見ていたら、中からもじーっと見ている人がいるので、何とはなしに気配を感じて、誰かな？　と見たら、なんと谷川徹三先生でした。紳士の谷川先生も庶民的な大福餅を召し上がりたいんだなと、笑ってしまいました。

だから、あの時期のことを思い出すと、本当に懐かしくなります。体験した人にしか分かり得ない感情があるんですね。

阿佐ヶ谷界隈で、みんなが屋台やったり、物を売ったりしたのは、どれくらい続いたのですか

数年はありましたね。それから何となく無くなっていったんですけれども。その間は、細々と繋がっていたんですね。あそこの広場の一角は、長い間そういうお店ばかりでした。

敗戦は吉沢さんの若い頃のことですが、日本はどうなるのだろうと、不安や心配などはなかったですか

不安感はそんなになかったですね。むしろ、これからは何とか、いい日本になっていくんだろう、なんてことは思っていました。なんか楽しくなるんじゃないか、私はそういうふうに思わなければ生きられないと思っていました。

だから、とにかく、ヤミの物を買ったり、いろいろなものを探しながら一生懸命にみんなに食べさせていました。それだけだったんです。

紙と印刷機があれば…

敗戦後すぐの頃、勤めはどうされたのですか

鉄道教科書会社はほどなく辞めました。古谷は召集されて満州に行っていたんですが、そのとき、上官が古谷のことをよく知っていてくれたようで、満州から四国に移されたんです。そして敗戦になって、古谷はすぐ帰って来たんですが、それがいつ頃だったか、あまりよく覚えてないですね。

古谷が帰って来てから、いろいろ忙しくなって、鉄道教科書会社は辞めました。その後は、ずっと古谷の仕事をしていました。まだ何も本を出版できないときが続いていました。

吉沢さんは、速記者をしながら、古谷氏の秘書としても、また古谷氏の身の回りにも気を遣っていた。

昭和二十二、三年かな、ちょうど化繊紙みたいな、薄い変な紙が出回り、それで本が作られ始めました。その頃から、いろんな本が出始めたんですよ。前に原稿があったものとか、版が残っているもの、そういうもので次々と本が出たもので、忙しくしていました。

今まで本なんか出したことのない沢山の人が、商売で本でも出そうということを考えていたんです。

あるとき、古谷のところに頼みに来た大阪の人が、「一冊頼みますわ」なんて言ってね。それで、「失礼ですが、アンタさん、何を書くんですか」と、古谷に聞くんです。それでもう古谷と二人で大笑いしちゃって。古谷がどんなものを書くかなんて知らないで、来てるんです。ただ儲かると思って、本を出そうとする時代だったんです。

みんな新しい本に飢えていたんでしょうか

紙と印刷機があれば、それで前に書いた原稿か何かがあれば、さーっとできると思っていたんですね。それから変な雑誌もいっぱい出ましてね。一発屋みたいな人たちが跋扈《ばっこ》していました。本が売れると聞くと、パーッと人が集まってくるんです。そうすると、お金を払わない所も出てくるんです。原稿料とか印税も払わないんです。

夫の綱武氏の家族や両親の思い出の
写真が飾られて。セピア色の写真に
過ぎた日々の長さが込められている

原稿料を受け取りに

そんな目にも遭わされたので

原稿料を払わずに逃げられたり、いろいろありました。そうすると、私は、お金を取りに行くんです。そこへ行って、「支払って下さい」と言いました。

ヤミの商売も多く、印税や原稿料などの概念も全然ないわけです。ちゃんとした商売の所は、もちろんいいですけどね。そうでない「アンタさん、何書くんですか」みたいな所は、ちゃんとお金を取りに行かないとダメです。どうなってしまうか分からないんです。私はちゃんと行って、座って払ってくれるまで待っていました。私のような者が、いっぱい来ていました。印税を払ってもらうのに、そういうこともやらされたんですよ。

でも、終戦直後の日本って、そういうドサクサに溢れていましたね、本当に。

食べさせる工夫

まだ、食糧が十分に手に入らない頃だ。秘書である吉沢さんは、古谷氏の所を訪ねて来る人、また友人たちなどのために、一生懸命に、食べる物を仕入れて、そして、食べさせる工夫をしていた。

その日暮らしでしたか

わりと、お金は入りましたよ。出版などが混沌《こんとん》とした時代でしたので。もちろん私も、速記料を貰ってきましたから、お金にはそんなに不自由してはいなかったけれども、決して豊かではなかったです。

電気、ガスなどはもう十分で

夕方何時から何時という時間制限でしたけど、電気とガスは、とにかく通っていました。ここら辺は、空襲で破壊されませんでしたから、楽でしたね。ご飯やおかずは、薪のほうがおいしく炊けますし、ゴミを燃やすにもいいので、薪で炊いていました。お風呂も、薪だったんです。自分で庭木の枝下ろしして、それを使っていました。それから、もう炭も買えました。炭屋さんは、夏は氷屋さんをやって、冬は焼き芋屋さんをやったり、忙しそうでしたね。

訪ねて来る人たちにどんなものを

大根とかぶがあれば、油揚げと炒めてちょっと煮物にしたり、皮はきんぴらにしたり、家にあるもので作っていましたね。そのうちにお肉を闇市から買ってちょっと贅沢したりしていました。

バターはね、六本木の方に、西洋風な物を売っている雑貨屋さんがあったんですね。そこではバターとかチーズがあって、わざわざ買いに行きました。そうするとね、バターは前のケースを持って来ないと売らないって。ケースというのは箱ですね。あれを、ちゃんと拭いて取っておいて、持って行きましたよ。

ですから、私は、今でも、物は捨てられないんです、そういう習慣が付いています。ケースがなければ、ちゃんと家で料理に利用しているのか、どこかヤミで売ってしまっているのか分からないからですね。そのケースを、何個か持って行くと、この人はちゃんと自分の家で使っていると納得してくれるんです。

電池だって古いのを持って行かないと、新しいのを買えなかったんです。だからリサイクルするからゴミが減って、かえってよかったのですよ。そういう時期が、ひと頃あったんです。

阿佐ヶ谷の闇市利用でも、だんだんこちらも慣れてきて、「ちょっとそんなのまけてよ」なんて言えるようになったし、どこの店はどういう物がいいとか、分かるようになって、一軒だけじゃなくて、あちこちで買うようになりました。

戦後を描いたニュース映像に見る、すいとんも当たり前のようにあった

小麦粉が手に入ると聞きつけると、それを買ってきて、すいとん[※]を作りお味噌汁を作って、その中に入れたりしましたね。すいとんは戦争中からですね、それはよ

※小麦粉を水でこね、適当な大きさにちぎり、野菜などとともに味噌汁やすまし汁に入れて煮た食べ物。

く食べました。

それから、当時は、外食券※というのがあって、それはお米なんかと引き換えられるんですね。お米がないときですから、それを一枚持って行くと、外食券食堂なら一食食べられたんです。でも、外食券食堂で、うどんを頼んでも、普通のうどんではなかったんです。くずうどん、しかないんです。おつゆがいっぱい入って、くずうどんが少し入って、あとは野菜や、お芋がポロポロ入ってるぐらいでしたね。

外食券は一人何枚か配られたんですが、お米の代わりだから、一日320グラムくらいに。それはみんなに配られるんだけど、配給がないときもありましたし、配給が届かない所も、焼けたりした地域には配られなかったようですね。

戦後のほうが、食べる物を手に入れるのが、大変だったと聞いていますが

戦争中はあちこちに人々が散っていましたけど、やっぱり田舎にいたらどうにも生活できなくて、ヤミで東京に入ってきて、ヤミで働いたりしていたんです。そのため、その人たちが食べていかなければならないけど、食料は流通で入ってくる量

※戦中・戦後の米の統制下において、外食する者のために発行された食券。昭和16年から始まり、44年に廃止された。

が決まっていますから、手に入れる競争は厳しかったということだと思います。でも、その頃、私はそんな事情は全然分からずに、ただ、一生懸命に何かを手に入れようと、ヤミで買ってきたりして、そういうことばかりに追われていました。

食べるためには本当に、必死でした。庭の葉っぱも、これとこれは食べられると全部覚えて、雑炊の中に入れたり、何もないときは、しょうがないから庭の菜っぱをちょっとまとめて天ぷらにしたりしました。戦争中から付き合いがあったヤミ屋さんから、油は手に入れられたので、沢山持っていたんです。

毎日、三食食べなくてはならないですから、材料を手に入れることは、本当に大変でしたね。

こうしているうちに、少しずつマスコミが整ってきて、ちゃんとした出版社が出てきて、次第に落ち着いてきたというふうに感じるようになりましたね。

大邸宅で新婚の雑居生活

古谷氏の仕事量が増えるにつれ、吉沢さんの役割が増すこととなっていった。その上、勉強好きの古谷氏が、勉強したい人を誰彼となく呼び寄せてしまうので、その面倒をみることも、吉沢さんに降りかかってきた。少し社会に落ち着きが見え始めた一九五〇年（昭和二十五年）、古谷氏と吉沢さんは結婚した。が、それは二人だけの生活ではなかった。増えた同居人ともどもの新婚雑居生活だったのである。

結婚生活を始めたのは、現在の住まい近くの、大きなお屋敷でした。その家の方は、文学少女だったらしいんです。それで古谷のことを一生懸命に応援してくれていたそうです。

結婚することになり、家がなかったので、古谷の仕事を手伝ってくれる人と、家事を手伝ってもらうお嬢さんもいたので、みんなで、そこに住むことになって、全員での雑居生活が始まったんです。そのとき、持ち主の女性は亡くなっていて、息子さんが一人いて、彼も一緒に暮らすことになりました。

家は大きな屋敷の、二階建て一軒家。離れがあって、大きな応接間がありました。廊下が広くて、廊下というより、サンルームみたいに日当たりがよかったです。日本間の八畳、あとは三畳の部屋が二つ、納戸、そして二階にもいくつか部屋がありました。そんな立派なお屋敷に初めて住むことになりました。離れには、その家の持ち主の彼が住んでいました。そんなところを、私一人で掃除するのは大変でした。だんだん、人が増えたので、やってもらいましたけどね。食事作りも大変でした。

雑居生活というのは、どうしてですか

古谷がいろんな人を連れて来るんです。当時、地方からは自由に東京に入れなかったのです。住居があれば、何とか転入できたのです。たとえば、紡織工場へ講演に行ったら、そこの婦人部長さんが素敵な人で、東京へ行きたいけれどなかなか行かれないって、そう言うと、じゃあ、家に来なさいと言って、連れて来ちゃうんですよ、私に、何の相談もしないで。まあ、その頃はそれでもよかったんですが、食

べさせるのが大変でした。朝は、紅茶がいいわ、なんて言われたって、紅茶なんて、買えないんですよ。だけど、これからみんな活躍していく人たちだと思ったので、まあまあ、何とか手に入れて食べさせていましたね。

そのうちに、その人たちが自分の故郷から、いろいろ取り寄せてくれましたので、それで助かりました。まあ、助け合いみたいに、生活していました。

たとえば、その頃、後にチャップリン浜子さんという名前になったイェール大学で日本語を教えるようになった人、そんな人もいましたね。彼女は初め、親戚の家にいたのですが、あんまりその親戚がひどいらしいので、そんな話を聞いていたら、古谷が「そんなひどい家にいないで、家にいらっしゃい」なんて言ったから、うちに引っ越して来たんです。それから、外資系の会社、ジョンソン・アンド・ジョンソンで働いて、いい仕事をされていた、伊藤みまきさんなんかも、いっとき家にいました。

このように、古谷はすぐ、家においでと言ってしまったから、みんな来てしまったんです。家が広かったですからね。

キッチン道具はどうしたのですか

立派な家だったものですから、何もかも揃っていました。十分間に合いましたので、私は、自分が好きなコーヒー茶碗とかを持って行くだけでよかったのですね。

雑居生活で思い出などありますか

私のボーイフレンドである、バレリーナの雑賀淑子ちゃんのお父さんから、彼は鉄道日本社という会社から鉄道関係の専門書を何冊も出していたので、徳川夢声さんと古谷と対談してくれと頼まれたのです。でも対談する場所がないわけです。わが家が屋敷だったから、家にお呼びして、何かご馳走を私が作って、それで対談したことがありました。そのとき、対談は私が速記したのですが、徳川夢声さんがお話しされていたことが、とっても面白くて、今でも印象に残っています。

当時、町の屋台みたいな飲み屋があったんですけど、そういう所でアルコールを出してたんですね。そこでみんな飲むんですが、夢声さんが言うには、その頃お酒といえば、エチルアルコールしか出回っていなかったので、悪いアルコールを飲むと、質が悪いから目が潰れると言われていたんですね。夢声さんて話術の素晴らしい方でしたから、一口飲むとね、どうかなって思うんだけど、ちょっともう少し飲んでみようと思って飲んでいるとね、まあ、目は潰れない、何ともないと思って、ここまで飲んだからいいやと思って、全部飲んじゃうんだという話を、面白くして下さったんです。もう、可笑しくて。それが忘れられないです。あの頃というと夢声さんの話を思い出したりしますね。

それから、家に藤棚があったんですが、夢声さんが家にみえたとき「この藤はいい藤だから、肥料をやったほうがいいですよ」とおっしゃったんですね。でも、何をやっていいか分からないんです、と言ったら、「スルメを埋めてやんなさい。ちょっと離れた所にね」なんて言われて、ああそうですかって、それだけ覚えています。本当にそれがいいことなのか、スルメは貴重品でしたから一枚のまま埋めるなんて、その通りにはしませんでしたけど。夢声さんのお話はとっても印象的でしたね。

戦前、ピノチオという中華料理店が、阿佐ヶ谷駅の北口にあって、そこのご主人が、作家の永井龍男さんのお兄さんだったんです。その方が中華料理が好きで、お店を出されたんですね。お兄さんは終戦間際に中国に用事でいらして、それで終戦になったものだから、帰れなくなって、やっと帰って来たけど、お店は焼けちゃうし、それでも何か仕事をして食べていかなければならない。それで、焼売を作って、みんなに売ろうか、という話になったんですね。それはもうおいしい焼売でした。古谷が一生懸命に、いろいろな方にお手紙を出して、たとえば、十個入りの箱を作って、谷川家、井伏家だとか、昔からピノチオを知っている方の家に「今度、永井さんが帰られて、おいしい焼売を作って売ることになったのですが」とお手紙を出して、売ったわけです。一か月に何個、というようにして、買って下さることになりました。すごくおいしかった思い出もありましたね。

阿佐ヶ谷は文士が多くて

「阿佐ヶ谷会」なんて、文士の会が、できたほど、沢山いらしたんです。将棋会をやったりしてましたね。永井さんのお兄さんの焼売は一年くらい、続いたでしょうか。みんな、本場の焼売なんて食べたことがなかったですから、本当においしかったですね、ピノチオって素敵な中華料理店だったんですよ。

戦後、始まったテレビ局の料理番組の台本書きと、司会もこなした。料亭の板長やシェフ、料理学校の先生方とお付き合いが深まり、一流のプロの味を体験できた。右端が吉沢さん

新婚生活とはほど遠く

私は古谷の秘書として、いろいろ仕事をしていましたから、言われることを、はいはいってやるのが、当たり前みたいだったんですね。古谷との結婚生活も、その続きだったんですね。つれあい、というより、仕事つれあいみたいな、というんでしょうか。秘書といえば上下関係でもありましたから。その関係のまま、結婚生活でも、続けてきてしまったということですね。この頃、ふと考えたらそうだなと、つくづく思いますね。

今なら、なんであんなこと、我慢したのかと思うことが沢山ありますよね。だけども、考えてみたら、ああそうかと分かるんですね。それだけこっちが古谷より、仕事の仕方も人間的成長も遅かったのだと思います。ようやく今になって分かってきました。古谷がいなくなってホッとしちゃって、そのときは、のびのびとした解放感で忘れてしまっていたんです。

この頃、こういう本の仕事をしたりして、どうして我慢できたのかしらと振り返ると、あ、やっぱり私が仕事を手伝っていたから、仕事の上下関係がずっと続いていたんだと、やっと分かってきました。

夫婦喧嘩も、ほとんどなかったですね。一方的に勝手なことを言われると、言い返したりもしましたよ。「それだけ自分に甘かったら、それだけ人に厳しかったら楽なもんね」なんていうふうな皮肉を言ったりしました。いわゆる普通の夫婦喧嘩ではありませんでした。そういう言い方で、不満をぶつけて言うくらい。まあ、あちらの不満のぶつけ方のほうが天真爛漫でしたね。

だから、一緒に暮らそうと言い出したことが、そもそも仕事に家庭に都合がよさそうだと思ったんじゃないかと思います。私に全部、頼り切ってて。自分より一日でも後に死んでくれ、それが至上命令だと勝手なことを言われました。きっと残されたら、どうしていいか分からない、と思ったんじゃないでしょうか。でも、そういう弱いことは言えなくて、「至上命令」と言ってしまったんでしょうね。昔の男、明治の男でしたから。

初めて新聞に執筆を

衣食住の暮らしを考えるようになったのは、古谷と暮らし始めてからです。まあ、家事なんて、私はあんまり興味がないから知らなかったけれども、工夫はしていました。たとえば雑巾がけ。

雑巾がけをしようと思っても、すごく広い家でしたから、いちいち雑巾を絞ってたら、とても草臥《くたび》れてしまうし、水が汚くなるわけです。それを考えたら、よし、ここで自分流にやろうと思ったんです。初めに、雑巾一枚じゃなくて、タオルを何枚も下ろして、それを全部、初めに水で絞って、綺麗なタオル雑巾を何枚も作って、それから、一気に、雑巾がけをしたんですね。そうすると、綺麗な雑巾で拭くから、水もそんなに汚れずに、雑巾もさほど汚れない、で、廊下や畳も綺麗になる、ということを考え出して、これをきっかけに、いろいろな家事を少しずつ考えていきました。

そういった家事のことを、どこかに書かれたのですか

その頃、東京日日新聞に、私のお友だちがいたんですが、こんなふうな生活をしている、なんて話していたら、じゃ、その生活、書いてよ、と言われて、初めて書いてみたんです。自分が発見したことや、雑巾がけのこととか…。

また、おかずも少ないときだから、そういうとき、みんなで一緒に食べるのに、豊かな感じにするには、盛り付けって、とても大事だと思ったので、半分は盛り付けで工夫して、少ないおかずがおいしそうに見えて楽しく食べられるように、一生懸命に考えたりしました。少ないけれど綺麗においしそうにって。こうして、だんだん、お料理のことにも興味を持ち始めました。

初めは何にも持たずに、古谷と一緒になったわけですね。でもなんか、ちょっと壁に絵なんか欲しい、泰西名画《たいせいめいが》（西洋の名画の複製）みたいなのを切り取って、ガラスに挟んでテープで貼り付けて、ひょっと置いておくと、新聞社の人が、こういうの面白いから書いてよって言われたんですね。

たとえば、台所に調味料を置く一番適当な場所がないと、しょうがないから、お

菓子の箱を打ち付けて棚にして、瓶を置けるようにしました。これでいいやなんて満足していました。そうしたアイディアが次々に新聞に載せられていきました。言われればまた、新しいアイディアを考えていったんですね。

戦争中の工夫も役に立っていますね

ちょっとご飯が足りなくなれば、お粥にして、そのお粥の中にいろんなものを入れるとおいしいじゃないですか。そんなこともね。それから、火なしコンロをどういうふうに作るかとかね。

火なしコンロ？とは

つまり保温器なんです。箱の中に布を敷いて、その中に温かい物を入れて、冷まさないようにしておく。コルクなんかも入れました。黒い布が保温にいいので、それを日向《ひなた》に置いて温めてから、包んでおくとか。

それから煮物をしばらく煮たら、それに包んでおくと味が染みていくんですね。

火なしコンロ、私たちはそう呼んでいましたけど。自分でやってみた経験から、このコンロもいいと思ったから書きました。

東京日日新聞は、今の毎日新聞だ。吉沢さんが、書き始められたのが一九五〇年（昭和二十五年）だった。

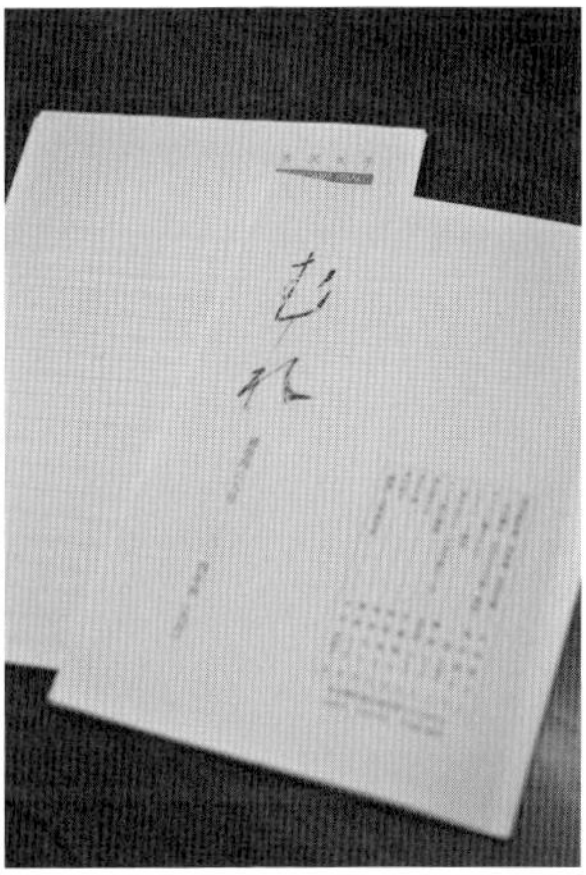

夫の古谷綱武氏が始めた勉強会を引き継いで、自宅で長年続けてきた「むれの会」。かれこれ49年経つが、それぞれの分野のプロが、日頃の研究成果を発表する場である。今も欠かさず会報誌を作り続けている

家事評論家、第一号

生活の工夫などを書かれることは、楽しいことでしたか

自分が便利だと思って考え実践したことが、取り上げられたりすると、やっぱり嬉しかったですね。ああ、こんなことでも、喜んでもらえるんだと思って。それで、友だちが、なんか肩書が必要なんじゃない、と言うんです。だけど、私、主婦といわれるのは、あまり好きではなかったもんですから、なぜかっていうと、主婦って職業じゃないですよね。そしたら、彼女が「家事評論家」って付けてくれたんです。

このときが、今に至る出発点で

なぜ、それを家事評論家、と言ったのか、それは彼女の発想でね、本当は評論なんてやってないんですけど。でもその頃は、他に誰もいなかったから、第一号になってしまったのです。

家事評論家という肩書は、このとき初めて誕生したわけです。東京日日新聞への掲載をきっかけに、名古屋タイムズへの執筆なども始まり、家事評論家としての仕事が拓けていく。当時吉沢さん三十二歳である。

一九五〇年六月二十五日、朝鮮戦争が始まり、経済は次第に上向きとなって、建築、インフラなどが整備されていく。すでに一九四九年には、東京と横浜でガスが二十四時間供給され、生活を取り巻く環境も徐々によくなっていった。『婦人公論』は六月号で、「台所はここまで来た」という記事を写真で掲載している。それは、国際観光株式会社がノースウエスト航空会社駐在員用住宅として、東京渋谷に建てた集合住宅を載せたものだ。合理的な近代建築で、特にキッチンにはアメリカから取り寄せられた最新の設備、大型冷蔵庫、電気レンジにガスオーブンなどが設置されている。今、どの家にもあるものが、当時すでに備えられていることに、驚かされる。

このような暮らしを目指して、日本は敗戦から、立ち上がろうとしていた。それに伴って、吉沢さんの仕事も急速に忙しさを増していくことになった。

OVER60
Street Snap
いくつになっても憧れの女性
いろいろ経験してきた顔だから服も素敵に見えるんだね。
ひとりひとりがお花みたい！希望をもらえる写真集。
母に見せたくなる本。
土屋アンナ
「女性に生まれてきてよかった」と思える。
おしゃれも人生も楽しまなくちゃ！
林
忠彦
昭和写真
全仕事
木村伊兵衛
写真全集
第一巻
の巨匠
筑摩書房
初集大成。
真集〉第二弾！
ターシャの

第六章

仕事が広がった頃の台所

Work

戦後十年が過ぎ、暮らしに落ち着きの兆しがみえてきた。

一九五六年（昭和三十一年）には、「日本経済の成長と近代化　もはや戦後ではない」というタイトルの経済白書が出された。これを裏づけるように、一九五一年に、東大の吉武研究所が設計したダイニングキッチン（ＤＫ）が公営住宅の中で初めて用いられた。それは、寝室二つとダイニングキッチンという間取りで、夫婦と子供がそれぞれに寝る部屋、家族が食事をする部屋とが分けられた「寝食分離」の住宅だった。ＤＫの出現で、家事の場と家族の楽しみの場が一つとなり、ＤＫのある家への憧れが、人々の住まいへの夢として膨らんでいく。

一方で、企業の生産加速化による、水俣病や森永ヒ素ミルク中毒事件といった人々を震え上がらせる問題も発生した。

古谷氏と結婚した吉沢さんは、時代の要請を引き受けるように、家事評論家としての仕事を広げる時期を進んでいった。

実験の家に住む

大所帯で始めた新婚生活だったが、家主であった青年が病となり、それまで住んだ五十坪の家を離れることとなった。そこで、引っ越しを迫られ、慌てて家を建てることになった。今の家の前身である。家を建築するについて、古谷氏は著書『どう暮したらよいか』（要書房・一九五一年）に記している。

それによると、移り住むまでの期間が、一か月しかなく、大急ぎで、とにかく土地を探して、今の場所に借地することができた。そこに掘っ建て小屋でもと思い、古谷氏が長年の生活から考えてきた、新しい暮らし方の家を建てることとなった。

これまでに暮らしていた半分以下の建坪十二坪の家、その設計図を書き、とにかく知り合いの大工さんにお願いしたという。その設計図を見ると、これからの台所に必要になってくると思われる、冷蔵庫の場所がない。予定していなかったのか、吉沢さんも、「冷蔵庫がないでしょ」と言っていた。

さて、急ぎ仕事であったので、材木は有り合わせ、壁を塗ると間に合わないので、ベニヤ板で間に合わせることになった。しかし、希望した床の二重張り、室内換気のための回転窓かベンチレーター、両側から使用する半間の押し入れなど、すべて忘れ去られていて、明細をきちんと書いて渡さなかったのが失敗だったという。

さらに、住んでみると、洋風住宅にはカーテンが必要であり、予算にカーテン代を計上していなかったことも明らかになる。今なら考えられないことだが、それまでの日本家屋の住まいでは、カーテンなど必要なかったというわけだ。また、家具の色、布の質が住まいの重要な調和を作ることも知ることになる。この計画には夢や理論が多く、実際には間が抜けたものだった、と吉沢さんは語る。

「簡易生活をするためには、いつも持ち物の整理が必要で、最低の物以外は、身の回りに置かないことである」と、吉沢さんは書いているが、「断捨離」など片づけが注目を浴びている現代、こうした考えを早くから持ち、建築してまで実践した、吉沢さんの先見の明に驚くほかはない。

衣類の持ち数は少ないが、来客が多く、食べることが大好きだから、調理道具は多い。大きさの違う鍋五個、フライパン二個、ご飯蒸し一個、ボール大小二個、大鍋一個、中華鍋一個。食器についても、極力減らして、日本茶を飲むのに紅茶茶碗にしてみたが、やっぱり湯呑みがいいと、止めたという。現在の吉沢さんの家の調理器具は、これにザル、ボールが加わったくらいで、基本は変化なしだ。ただし、食器は別であるが…。

古谷氏は言う。「とくにここに書きとめておきたいと思うのは、今までのつましい暮らしの伝統にやしなわれてきた私たち日本人の、ばあいには、それがよいわるいということはいちおう別にしても、そういうガラクタ（空き箱、空き瓶、ぼろ布など）でさえも、大切にしまっておくことのほうが、自分の気持ちからいっても、あんがいやさしいのである。むずかしいのは、そういう役立つかわからないようなガラクタをしまいこまないで、どしどし捨ててゆく、そして身のまわりは、いつも現在の必要品だけにしておく暮らし方である。私は、文化とは時間であるといってもよいのではないかと思っている。どうくらしていったらよいかということも、まず有意義に使う「自分の時間」を手に入れることに、問題の目的があるのだと思う。私が大きい家から小さい家に移り住み、その建築費で買い取ったのも、まさに、『自分たちの時間の増加』だと思っている」

吉沢さんは実験の家を回想し、次のように話す。

一番シンプルな生活とは何なのか。飲むときはお茶碗一つでいいのではないか、それには湯呑みを充てよう。だけど、紅茶を飲むと、色が汚い、紅茶は紅茶茶碗がいいねとか、お魚のお皿は日本のがいいねと、だんだんそうなってきましたね。それが、生活文化っていうもの、銘々培ってきた生活なのだから、それを捨てるのは馬鹿馬鹿しい。これは大事なことだと気がつきました。

お箸、ナイフ、フォーク、スプーン、ティースプーンなどがあれば、と思ったのですが、スイカを食べるときにスイカスプーンが欲しい。かつてはスイカスプーンなんかなかったのですが、生活の中に入ってきました。その便利さは、受け入れてもいいと思うようになっていきました。

やっと戦後が落ち着いて

戦後の食生活に関してはどうだったのか。一九四七年（昭和二十二年）にまず食品衛生法が公布された。

まだまだ食糧は充足されていない。東京では、お米以外のパン、うどん、蕎麦などが、外食券なしで食べられ、もり・かけが十五円であった。芋類の統制も撤廃されて、自由販売となり、石焼き芋屋が十年ぶりに復活し、各地でちょっとした焼き芋ブームとなっている。アメリカン・ドーナツが売り出され、台湾バナナが輸入された。八大都市の小学校の完全給食が開始され、農林物資規格法（ＪＡＳマーク）が制定された。

一九五二年（昭和二十七年）になると、不二家はペコちゃんマークの「ミルキー」、森永製菓は「チョイスビスケット」、サッポロビールは「リボンジュース」を生産販売。魚肉ソーセージの生産が開始。日本水産が生産発売した魚肉ソーセージは、新しい包装材料の使用ができ、価格が安かったこともあって、大ヒット。即席カレーも人気となった。栄養改善法が公布され、栄養摂取量は、2033カロリーへと大きく好転していく。池袋の西武デパートでは、初めての冷凍食品売り場を登場させている（この年、シャープは白黒テレビの生産に踏み切った）。

一九五三年（昭和二十八年）には、東京青山に、初のスーパーマーケットが開店し、その二年後の一九五五年（昭和三十年）、電気炊飯器が登場して、ここ十年間で、やっと戦後が落ち着いてきたのである。来客の多い古谷家で、吉沢さんはどんな料理を振る舞っていたのだろうか。

煮豆、こんにゃくのピリ辛煮など、すでに作ってあるもので、取りあえず、それを出して、あとは、その日ある食材で作っていました。それも気取ったものではなくて、自分たちが食べる物を一緒に食べようということなのですが…。

得意にしていたのは、「パイペンロー」。エビの背ワタを抜き、すり身にして、そこに卵の白身、片栗粉、お塩を少し、これをサンドイッチパンに挟んで、サンドイッチにして蒸す。蒸すと、ピッタリとくっ付くので、これを適当に切り分けておく。

それで、お客さんがみえたら、油で揚げるんです。

パイペンローって、みんなに珍しがられて、これを食べたさに来る方もいましたよ。大きな器がなかったりすると、よし、すり鉢を使おうと思ってね。庭にある葉蘭を敷いて、そうすると豪華に見える。そこにお漬物をいっぱい、盛り付けていました。忙しくて料理ができないときはおにぎりでしたね。おにぎりでも、焼き網に転がしながら焼きおにぎりにして、よく作っていましたね。大きめの器に、山盛りにして出すんです。すると「あら、これがおにぎり?」「おにぎり、こうやって出すといいわね」なんて、皆さん、面白がってくれました。

スープも、玉ネギ、ジャガイモ、ニンジンを普通に茹でて、ミキサーにかけ、少し塩を加えて、牛乳で薄めて、ポタージュ代わりにして出す。すると、女の方たちは「おいしい」と、喜んでくれました。

こうしたアイディアは、自分で工夫して考えていたという。来客が多かったからこそ、生まれたアイディアなのだろう。

戦後始まった料理番組に、司会者として出演。数々の料理研究家や有名シェフとともに活躍した

料理の台本書きとインタビュアーを

当時、すでに暮らしの中の工夫を、新聞や雑誌に書くようになっていた吉沢さんだが、来客に手料理を振る舞っていて、それを食べた方が、「作り方をみんなに教えてあげたい」ということで、料理番組にも関わることになった。

たまたま、暮らしの工夫が受け入れられるようになって、ちょっと書いてとか、頼まれるようになったんです。そのうちに、毎日の献立を書いてほしい、なんてことになって、年中やってることだから、料理や献立を書いていたんです。料理は、栄養学校のときに教わっただけで、あとは、自分なりの工夫をしながら、おいしい物を食べさせたいと思って、一生懸命にしてきました。

確か、昭和二十六年（一九五一年）くらいだったと記憶していますが、その頃から、料理番組が始まっていて、ちょうどＴＢＳ（ラジオ東京として）が再開したときだったんです。

そのとき、プロデューサーの碧海《あおみ》酉癸《ゆき》さんに頼まれて、料理の台本書きとインタビュアーを始めたんです。初めは、順序などを書くことだったんですけど、これも教わって書きました。そのときに、私には学ぶことが多くて、そこで専門家の方々から、いろいろと技術を教えてもらうことができましたね。いろいろな先生をお訪ねして、江上トミ先生、赤堀全子先生、河野貞子先生などの先輩方たちで、女の先生方でした。その方々に出演していただくために、訪問して、そこでお話を聞きながら料理を作っていただき、そして、試食をさせていただきました。それで、ずいぶんと本物の味を覚えました。

料理番組の司会をしていた頃。吉沢さんの隣は、現在も現役で親子三代で家庭料理を伝えている、料理研究家の堀江泰子氏。今でも二人は、電話でおしゃべりする仲。お互いの若かりし頃を思い出しているという

江上トミ氏は、日本料理研究家。テレビ放送草創期より活躍した料理番組講師の草分け。また、日本の「料理研究家」の元祖でもある。おふくろさんの笑顔と熊本弁で人気を博した。江上料理学院を創設し、それは、江上栄子氏、江上佳奈美氏に引き継がれている。熊本県出身。

赤堀全子氏は、祖母、父と代々続いた赤堀割烹教場を、戦後再開し、三代目に。その後、赤堀割烹学校（現在赤堀栄養専門学校）として、校長になる。東京都出身。

河野貞子氏は、商社勤務の夫とともに、米国に滞在。料理と家事を研究。帰国後、西洋料理の知恵を日本料理に取り入れながら、新しい家庭料理を育て、一九八三年（昭和五十八年）までテレビで活躍していた。山口県出身。

それから、有名な料亭のご主人や板前さん、ホテルのシェフなどの方々にも伺って、調理場に入れていただき、作ってもらい、おしゃべりしながら、食べさせてもらいました。皆さんにとてもよくしていただき、可愛がっていただいて、そんなありがたいことはなかったですね。

最初は、ラジオ番組が中心だったようだが、一九五六年（昭和三十一年）、テレビに料理番組が登場してからは、テレビの番組にも関わるようになっていったという。

小川軒のご主人、小川順さん、この方と一緒に、私はフジテレビで料理番組のオーディション版を作りました。小川軒には、文士の方たちがよくおみえになっていて、私も古谷に連れていってもらったことがあります。小川さんが作ってくれたスープ、コンソメですが、こんなおいしいスープってあるかしら、と思ったくらいおいしかったです。そんな話をしたのでテレビ収録の朝、順さんが「作ってきたよ」と言って、食べさせてくれて…。そういう味を覚えていったので、本当に幸せなことでした。

その頃、私はグリーンアスパラの扱いなんて、よく知らなかったんですね。順さんが、袴はこうして取る、と丁寧に教えて下さって、ああ、これを取ったほうが、おいしく食べられるんだな、と覚えましたね。

また、日比谷ホテルの馬場さんは、料理とお酒について教えて下さって、デザートのお酒にはコアントローがいい、特に女性に喜ばれると教えてもらったのですが、それを、古谷に教えたら、得意になって、バーに若い女性を連れていったときなど「君、コアントローを飲めば」なんて言ってるので、笑ってしまいました。

小川順氏は、銀座を中心にコック修業歴五十年、渡仏三回。レストラン小川軒の創業者。明治三十八年に新橋に開店し、昭和四十年に渋谷に移る。レーズンウィッチなど洋菓子も兼営。オーソドックスな欧風料理が得意である。

「もはや戦後ではない」と経済白書が掲げた頃。まさに、戦後復興とともに、吉沢さんの仕事は広がっていく。この頃、和菓子についても、教えを受けることができた。

とにかく、戦争中は甘い物が食べられなくて飢えていましたね。おいしい物を教えてもらったのも、番組からだったんです。

和菓子のおいしさは、楠本憲吉さんから。楠本さんのご実家は料亭のなだ万でしたから、和菓子のこともよく御存じで。仙台の「売茶翁《ばいさおう》」のみちのくせんべいも先生から教えていただいたものです。お茶会を開きながら、俳句を作ったというお話は、『婦人公論』からインタビューに行ったときにお聞きしました。楠本さんのおかげで、お菓子屋さんを知り、お饅頭ならあそこの黒饅頭がおいしいとか、いろんなことを深く知るようになったのです。

たとえば、「若紫」なんて、うす紫の味わい深い半生の和菓子で、ごくたまにしか作られないとか、お正月のお菓子といえば、こんなのがある、と教えて下さって。先生はあれこれ食べてみて、お饅頭ならと、若紫で有名な日本橋の「ときわ木」という和菓子屋さんに、「黒」というお饅頭がある。それが、黒砂糖を使ってあっておいしい、と教えて下さるんです。あ、黒砂糖のおいしさはこういうものか、と覚えていきました。

また、お向かいの谷川徹三先生（哲学者で谷川俊太郎氏の父）が甘い物がお好きだったので、いろいろと、先生のところに持って行ってうかがうと、「僕はかるかんならあそこのが好き」と、教えて下さる。それで、いろんなものを味わうようになりました。

栗きんとんは、作家の森田たまさんが、送って下さいました。こんなおいしい物があるのかと感激して、毎年、取り寄せるようになりました。食べておいしくて、その結果、本当のおいしさを知るようになっていきましたね。

古谷が講演で知らない地方に行くと、そこのお菓子を買ってきたり、買わなくても、何かお店の案内のような書いたものを貰って来てと頼んだりしていました。

青森県の鰺ヶ沢《あじがさわ》、あそこに京都のお菓子とそっくりなお菓子があるそうです。私は行ったことはないんですけど。古谷の友だちの富永次郎さん（美術評論家）が、やっぱりお菓子がお好きで、本も書かれています。鰺ヶ沢に、紅梅焼きのようなお菓子だけど、京都のお菓子に似た感じのものがある、と教えてくれたんです。ああそうか、もしかすると、※北前船《きたまえぶね》で行った人が、鰺ヶ沢でロマンスが生まれて京都に帰らず、鰺ヶ沢に落ち着いて作り始めたのかな…と想像してみると、楽しいでしょ。こんなことを考えるうちに、和菓子に興味を持ち出して、いろいろと考えさせられるようになっていきました。私の興味は、ほとんど食べることから始まっています。

※江戸時代〜明治中期の交易廻船。

楠本憲吉氏は、俳人、随筆家。大阪府生まれで、実家は料亭なだ万。灘中学校の同級生に遠藤周作氏がいる。慶応大学在学中に、句作を始め「慶大俳句」を組織し、日野草城《そうじょう》に師事。俳句作家連盟会長、現代俳句協会顧問を歴任。一般向けの随筆も多く、女性論、手紙、食事、酒など話題が豊富で、テレビにもしばしば出演した。

雑誌掲載や書籍出版を

吉沢さんの仕事を辿ってみると、家事評論家の出発点を見つけることはできなかったが、見つけたのは、雑誌に掲載された記事や連載であった。雑誌は、『婦人公論』。創刊大正五年。第一次世界大戦のさなか、『中央公論』の女性版として、嶋中雄作氏により生まれた雑誌だ。

最初に見つけた記事は、一九五三年のもので、署名入りだ。「きつつき会の劣等生」「ゆかた地を使って」「白の魅力」とあった。「白の魅力」の記事内容を紹介してみる。

「どこの家庭の台所にもあるブリキの米びつは、二、三年も使っていると、手あかとサビで黒っぽくよごれてしまうものです。十年も前に買ったわが家の米びつもその例にもれず、台所をいかにも不潔にみせていました。

梅雨どきのある日、なんとかして台所を明るくしたいと、この米びつや台バカリに白いペンキをぬってみました。これは大成功で、にわかに台所の一隅が明るくなりました」

その頃、吉沢さんに限らず、米びつはブリキだったし、使っていれば、黒ずんできた様子がよく分かる。不潔感を一掃した白ペンキは、吉沢さんのアイディアだ。暮らしぶりが分かって、今読んでも面白い。

一九五五年、「ティー・パーティーのととのえかた」という記事に、サンドイッチ、オードブル、ケーキなど、吉沢さんがティー・パーティーを整えている写真が掲載されている。若かりし頃、三十七歳の姿だ。「親しい友や、気兼ねのないお客様を迎えた簡単なティー・パーティーの食べ物を考えてみました」とある。予算まであって、一人二百円どまりと。甘いデコレーションケーキ、塩味のビスケットは手作り、飲み物は季節の果物のジュース、足りなければ、紅茶、番茶などを、とあった。実際にデコレーションケーキ作りの写真が載っている。

料理番組の台本書きとインタビュアーだけではなく、実際の料理家として、活躍していたことが垣間見られる記事である。同じ号には「正月の来客用一品料理」として、ひらめのレモン作り、揚げ餅、牡蠣のオイル焼き、三つ輪漬け、山芋の黄身酢和えなどがあった。

牡蠣のオイル焼きは吉沢さんの得意料理だ。

牡蠣を塩水で洗い、卵の黄身をつけ、片栗粉をまぶして、バターで焼き、熱いところをポン酢かレモン酢を添えてすすめる。

一九五四年（昭和二十九年）には、みつばち文庫シリーズ（国土社）の中の一冊として、『生活のけいかく』を出版している。「むすびのことば」は次のように子供たちに呼びかけている。

「私たちは、いつでも、じぶんの知らないことや、知りたいことを、いっしょうけんめいで知ろうとつとめていかなければならないとおもいます。そして、知りたいことを知るための努力をおしまない人になりたいとおもいます。そういう人になることを、私は、みなさんと、おやくそくしたいとおもいます」

当時、この本を読んだ子供は、吉沢さんが、約束をしっかりと果たしていることを確認しているに違いない。

もくじには、服装と私たち、食べ物と私たち、すまいと私たち、考える生活、よむこと・かくこと、人とのつきあい、むすびのことば、さくいんとなっている。

内容を読んでみると、「なぜ偏食はいけないのか」と、おかしばかり食べると、骨の細い、ひょろひょろした子になり、骨は一体何からできているかなどを説明し、お菓子ばかりではダメだと言っている。今の子供たち、いや、お母さんたちに読んでほしい本である。

洗濯機・炊飯器が登場して

そして、電化時代の幕開けが、一九五二年（昭和二十七年）にやって来る。電気洗濯機、電気冷蔵庫、ポップアップ式トースター、自動炊飯器、さらに街頭にテレビが登場して、人々は高嶺の花に注目し始める。『暮しの手帖』では誌上商品テストが開始され、時代は高度経済成長の緒《しょ》に就《つ》いたわけである。吉沢さんは、電化製品の何を最初に求めたのだろう。まず、最初に買ったのは洗濯機だった。

当時、まだ洗濯は大変な家事で、手の皮が擦りむけるのもしばしば。洗濯機は洗ってくれるからありがたかったですね。絞るのだって、洗い終わった洗濯物を付属のローラーに挟んで、手でまわして絞ればいいので、とにかくすごく楽になったから、嬉しかったですね。

そして、次が冷蔵庫です。それまで家には氷冷蔵庫があって、氷を毎日一貫目運んでもらっていたんです。一日、それで終わりです。あと、お酒を飲むときの氷は買いに行かなければならないし、魚や肉などを傷ませないようにあちこちに動かしたりはしていましたが、せめて一週間なら一週間、家に作った料理が置けて、それが腐らないようにできたらいいなあ、と思っていました。ですから、電気冷蔵庫が出たときに、百リットルくらいの小さいのを買いました。ご飯でも、物を腐らせなくてすむじゃないですか。嬉しかったですね。

俳優の滝沢修さんの奥さんの文子さんが、外のポンプ井戸を使って水を汲んでいたんですね。それが家の中に水道が入ったら、「私、これが十年早くできていたら、もっと歳とらないですんだ」と言ったことがあったんです。ああ、そうだろうなと同感でしたね。みんな不自由に耐えていた、と今でも思い出すんです。

さらに、トースターを揃えて、電気釜は、もっと後でしたね。

吉沢さんの家に、電化製品が揃っていった。一九六五年（昭和四十年）に、家庭用電子レンジが発売され、そのあとに食洗機も登場する。そのときに揃えた電化製品の一つに、食洗機と電子レンジもあったという。

食後に、私一人で、あと片づけをしているときに、家族が、テレビを見ながらくつろいで、ゲラゲラと笑っていると、腹が立ってくるんですね。ですから、食洗機が出たら、すぐに買おうと思ったんです。

仕事を持ち、家庭の主婦でもある吉沢さんにとって、家事をスムーズに運ばせるための冷蔵庫、洗濯機、トースター、食洗機、電子レンジは欠かせないものであった。それまで手を使ってすべてしなければならなかった、家事労働は、どれほど大変であったろう。

考える家事提唱へ

家事の電化が急速に進み、家庭で家事を運ぶ主婦にとって、ありがたい存在となっていった。家事ということについて、吉沢さんは語る。

それまで、家事というのは、仕事にならなかった時代でしたね。たとえば、家事や家政をどうコントロールしていくかなど、誰も考えたことがなかったんです。たまたま、自分のこととして、家事を知らない一人の人間が、一生懸命に、家事をどうやっていったらいいのかを考え、自分の生活のことを考えてやっていたから、面白かったんですよ。

それまでは、家政学として、先生方が理論でおっしゃったりしていた。だけど私は、生活者として、家事を考えて、実際にしていましたから。

たとえば、住まいを清潔にするための雑巾のことです。昔、雑巾は古布を縫って作り、最後に捨てていました。布が大切で大事に使ったときのことです。でも、古タオルを使えば、縫う必要がなくて、それで清潔が保てるし、綺麗に洗える、干すときも簡単ですし、もちろん捨てたりしなくていいのです。だから、生活を変えていくことが、考える家事だと思うのです。

私は、初めから考える家事、合理的な家事を提唱してきたと思っています。清潔にするには、どうしたらいいのかということを。自分で実際にやっていると、こっちのほうがやりやすいな、合理的にできるな、早いし、ということが分かる。それは私の強みでもあったし、ひとつの家事にも、どうしたら必要のない力をかけずに仕事ができるかを考えてみた。それが職業として成り立つことになってきたのでしょうね。

インスタントラーメンを買いに

食生活に革命的な存在を与えたインスタントラーメンは、一九五八年（昭和三十三年）に日清食品から発売された。その後、各社がインスタントラーメンを発売し、一九六〇年（昭和三十五年）には一年間で、一億五千万食を生産する、一大マーケットとなっていった。当初のインスタント食品を、吉沢さんはどう受け止めたのか。

最初に覚えているのは、チキンラーメンでした。昭和三十三年頃でしたね。

「三分待つのだぞ」

それで私は、髙島屋の食品売り場にしかないと聞いたので、どんなものか食べてみないと、と思い、買いに行きました。そうしたら、本当にお湯をかけたらできるじゃないですか。チキンラーメンはおいしかった。ラーメンは外食しないと、食べられなかったから、画期的でしたね。古谷なんかは、小さいときに、書生さんが夜、チャルメラ※が聞こえてくると、飛んで行ってラーメンを買ったんですって。そうすると坊ちゃんにもあげましょうと一人前多く買って来てくれて、初めて食べたとき、世の中にこんなうまい物があるのかと思ったとよく話していました。だから、ラーメンは好きでした。あれは何だかいいようのない懐かしい味ですね。

実は、吉沢さんはインスタントラーメンのコマーシャルに出演していたことがある。

私たち夫婦が親しくしていた寺村輝夫さんが、大学を卒業していっとき明星食品

※オーボエと同じ木管楽器の一種で、屋台のラーメン屋さんが、これを吹いて客を呼んだ。

に入社したんです。そのときに、明星食品でインスタントラーメンを出したから、コマーシャルに出てくれと頼まれたんですね。コマーシャルなんて出たことがない、と言ったら、かなり高額の出演料をくれるというので、それだったら、家計が助かるから出ようかと思って出たんです。食べるんじゃなくて作るコマーシャルに。インスタントラーメンを普通に作るんじゃないんです。私はインスタントラーメンを一瞬熱湯に浸して、そしてフライパンで焼きそばにしていたから、寺村さんにそれをしてくれと言われたんです。それで焼きそばにできますよというのを、コマーシャルで料理したんです。明星の会社のどこかで、撮影したんですね。あれが初めてのコマーシャル出演でした。

コマーシャルに、しかもインスタントラーメンとは面白い。それにしても、単なるラーメンにするのではなく、インスタントから焼きそばにするという、吉沢さんでなければ、思いつかないアイディアではないか。出演コマーシャルの映像を探したが、残念ながら見つけられなかった。

文化学院に通う

仕事を持ち、家に帰ると主婦として家事をこなす、超多忙な日々。そんな毎日に、吉沢さんは、あるとき、ふっとこれまで積み重ねてきた経験を提供するばかりでは、〝貯金が無くなってしまう〟と感じた。新しい知識を仕入れなければ、痩せてしまう。主婦業に時間を取られて、仕事の充実感を減らしているときだった。

たまたま、ラジオで戸川エマ先生（随筆・評論家）と対談することがあって、そのとき、当時の自分の話をしたんです。「じゃあ、一度文化学院にいらっしゃい」と言われて、すぐに学院創設者の西村伊作先生に紹介して下さったんです。先生は「映画を見るつもりで来たら」と言って下さったんですね。一年間通って、学ぶ機会を持ちました。そうして、気持ちの充足感が得られ、家事と仕事のバランスが身についたように思います。

第七章 充実した日々の台所

Enhancement

一九五五年（昭和三十年）からの高度経済成長が続き、暮らしは、衣食住の面では、豊かさに手が届いた時代だ。一九五九年（昭和三十四年）、現天皇陛下のご成婚パレードが、テレビ中継されるというので、白黒テレビが爆発的な普及をみせたし、大和ハウスがプレハブ住宅一号「ミゼットハウス」を発売して、新築住宅の多くにプレハブ製が占めるようになっていった。

また、技術革新を掲げた経済成長目標により、一九五一年（昭和二十六年）、東レは、アメリカデュポン社からナイロン製造技術を導入し、ナイロン繊維を生産することを成功させ、衣類の素材だけではなく、ファッションまでも変革していった。一九五三年（昭和二十八年）には、化粧紙として、ティッシュペーパーが輸入販売され、さらに、キッチン道具、雑貨、家事道具、そして有名ブランド衣類など、さまざまな輸入商品が日本へ押し寄せてきた。ある広告会社では、「広告戦略十訓」・もっと使わせろ・捨てさせろ・無駄遣いさせろ・季節を忘れさせろ・贈り物にさせろ・コンビナートで使わせろ・切っ掛けを投じろ・流行遅れにさせろ・気安く買わせろ・混乱を作り出せと、消費が煽《あお》られ、私たちは暮らしを満足させるために、消費した。

すでに、この年の東京オリンピック開催が決定されていたので、東京は、高速道路、競技場、選手村などの建設ラッシュが進んでいった。淀橋浄水場は一九六五年（昭和四十年）に閉鎖されて副都心へと、猛スピードで街の様子は変化し続けていた。この経済成長期には、ユリア樹脂からのホルムアルデヒド検出、赤色4号など食用色素使用禁止、うそつき食品の問題、牛乳のPCB汚染、カネミ油症事件、人工甘味料チクロ使用禁止、カドミウムによる汚染米問題など、私たちの食卓を震え上がらせる問題も起きていた。GNPは世界第二位となり、列島改造論を掲げたが、一九七三年（昭和四十八年）第一次オイルショックが起こり、物価急騰で、暮らしも影響を受けることになった。高度経済成長期、吉沢さんの仕事も膨らみ、充実していく。

住まいを変化させて

築五十年以上になろうとする家に、吉沢さんは暮らしている。セキスイプレハブ住宅が発売され始めたときに買ってみようと思い、家を替え、プレハブ住宅にした。今後の住宅と思って買う決心をしたそうだ。

最初の実験住宅では、戸棚がなかったので、家中、散らかってしまいました。シンプルに暮らそうとしたんですが、そういう計算ができませんでした。編集者の方は来られるし、それからお付き合いも多くなるし、だんだんとモノも多くなりました。泊まり客なんて考えもしなかったのですが、遠くから来られる方には、ホテルなんてこの辺にはありませんから、お泊めできるよう住まいを変えざるを得なくなって、変わってきました。

一九六三年（昭和三十八年）にセキスイハウスは、プラスチックだけの住宅を完成させたが、コストが高いことと危ないことから、次に鉄骨とプラスチックを組み合わせたプレハブ住宅を完成させた。

初めに、これを建ててくれたときのセキスイの係の方が、とてもいい方で、いろいろ話をしました。ある日、黒川紀章さんを連れて来られて、「どうしてこういうのを買ったのか」というインタビューを受けたことを覚えています。

家は、これから人気の買い物になるだろうと思うし、自分の仕事として建ててみたかった、といろいろと話をしました。それに、今、大工さんも少ないし、修理することが大変なので、こういうプレハブができたら、プレハブ修理会社もできて、便利になると思うと私は言いました。そうしたら紀章さんは、「よく分かっているようなので、言うことないや、さよなら」と、帰ってしまいました。

軽量鉄骨で耐震の筋交いがされていて、壁の中には断熱材が入っていて、木だけよりわりと暖かい。それで、買ってみようと決心したんですね。でも、建築の先生方は嵐が来たら飛ぶかもしれないぞ、とおっしゃったけど、二〇一一年三月十一日の東日本大震災でも、どこも壊れずに、本一冊、落ちなかったんです。平屋で、びくともしなかったんです。

屋根は、アルミだったんですけど、雨の音がうるさかったので、その上にスレートをかけてもらったので、雨漏りもしません。先日の台風で、ちょっと捲《めく》れましたが。住んで、かれこれ、五十年くらい経つんですけど丈夫ですね。

その前に、建築家の浜口ミホさんが書かれた『日本住宅の封建制』という本を読みましたが、大変感激しました。日本の住宅は、床の間や客間にばかりお金を掛けているんです。台所は、北向きの寒い所に追いやられていると。日本住宅の封建制とはそういうことか、と思って、ぜひ浜口さんに家を建ててほしいとお願いして、奥に家を建て増ししてもらっていたんです。

プレハブ住宅とはどのようなものか、思い立ったら実行に移す。それが吉沢さんの流儀。だが、住宅を購入して住むとまでは、誰も考えないことだ。今でも住んでいるし、地震にも耐えたことは、住宅文化財として残したいほどだ。

黒川紀章氏は、建築家。日本芸術院会員。丹下健三門下生。建築理論メタボリズムを提唱した。取り替え可能建築として、中銀カプセルタワービルなどの作品がある。一九六〇年に『プレハブ住宅』（東京中日新聞出版局・川添登氏との共著）を出版している。

百貨店で消費者相談を

家を建ててもらった浜口ミホ氏のつれあいは、建築評論家の浜口隆一氏だった。浜口氏は、モノは選んで提供しなければならない、特に百貨店には、その役割があるというポリシーで、ある百貨店の相談を引き受けており、グッドデザインコミッティーを立ち上げていた。

日本人の住まいは、ウサギ小屋なんて言われながら、そこに夢中になって買ったモノを入れていました。新製品が出たと言えば、すぐにそれを買っていたんです。所得は少しずつよくなって、生活費も増えて、よくなっていきました。でも、使ったこともないようなモノがあって、買ったけれど、どうやって使っていいか分からないという人が、私の周りにも沢山いましたね。それに一体、使っているのかどうかも心配になってきたんです。そういうのを身の回りで見ていて、何とか考えなきゃならない、と思ったんです。自分も含めてね。

そんなとき、浜口氏にお目にかかって、自分の思いを話したんです。すると、彼は百貨店で、デザインコミッティーの仕事をしていた関係で、私に百貨店でコンサルタントのような仕事をしてみませんか？ と言われたんです。それで、「やってみます」と二つ返事でした。お客様の商品相談や、ときには苦情なども聞いていました。

その苦情の中に、銅の鍋というのがありました。その頃、銅鍋はステータスのようになっていた商品でした。カボチャを煮たら、青くなってしまった、と怒って来たんです。聞いてみたら、カボチャを煮て、そのまま一晩置いていたとおっしゃるんです。だから、銅の鍋を使うのでしたら、使い方をきちっと知ってからになさいませ、銅の鍋はすぐに洗わないと、青くなりますよと話したんです。そういう役割を私はしたかったのです。百貨店の社員では、そんなこと言えませんよね。社員の方はすぐにカステラ持って、謝りに行ってしまうのです。

それでは、賢い消費者は生まれないじゃないですか、という話から、私には、同じ消費者としての立場で説明する役割があると思ったのです。

浜口隆一氏は、建築評論家、建築史家。丹下健三氏とともに、前川國男建設事務所に入所。その後評論家に。『市民社会のデザイン 浜口隆一評論集』がある。

百貨店の売り場で、机を一つ頂いて、週に一回三時間だったでしょうか、座っていると、いろんな方がみえます。三笠宮殿下もお一人でおいでになりました。「これはどうやって使うものですか」「何をするものですか」などとお尋ねになりました。

三笠宮崇仁《たかひと》殿下は、皇族、昭和天皇の弟。古代オリエント史の歴史学者、東京芸術大学客員教授。存命中の皇族では、最年長者で、今上《※きんじょう》天皇の叔父。三十歳になって、独りで誰にも気づかれずに町歩きをしたエピソードがある。

「あると便利コーナー」という売り場が、相談の窓口で、百貨店に商品を入れたいと、商品の売り込みも舞い込みました。たとえば米とぎザル。冬は手が冷たくなるから、ザルの下から水を通すようにして、水が出るとお米がグルグル回る。この「米とぎザル」には、噴き出してしまいましたね。こんなものを使わないで、鍋にお米と水を入れて、おしゃもじでかき回せばいいじゃないですか。

新製品のことを尋ねられると、こういうものがありますよと、よく例に引いてね、馬鹿らしいから、むやみに買わないようにと言ってきました。

本当に、いろんなものが次々と考えられて、中には売り場に並べられるものもありましたが、私は、品物だけじゃなくて、これからは健康に志向が向いてくるのではないかと思っていました。その意味では、栄養の話なども、企画する方は知っておいたほうがいいのではないかと、女子栄養大学の香川綾先生にお願いして、百貨

※現に在位する天皇を示す呼称で、このときは昭和天皇であった。

店の人たちに話していただいたこともありました。そんなことから栄養大学による食生活の相談コーナーもできました。

モノが溢れて

一九六一年（昭和三十六年）経済白書のタイトルは「消費は美徳　使い捨ての時代始まる」である。モノがどんどん増えていく時代だった。それだけではない。東京の人口も増加し、家庭から出るゴミも溢れた。街角に置かれた木製のゴミ箱は、夏になると害虫が発生し、不衛生極まりない状態であった。オリンピックを控え、汚いゴミは恥であると、ゴミ箱はポリ容器に変換され、回収されることになった。一九六四年（昭和三十九年）東京オリンピックが開かれ、東海道新幹線が開通した。

プラスチック全盛時代が始まった。

プラスチックは色もさまざまで、きれいな器などもすぐ作られるようになりました。今まで、大きなお屋敷で、四の重の塗り物なんかを使ってきた方々が、それをみんな売って、綺麗で、新しいものだから、それでプラスチック製をお買いになるんです。そういうお宅が田舎にはずいぶんあって、地方講演に行くと、お母さんが亡くなり、お嫁さんの代になって、これまで押し付けられていた重しみたいなものが、パッととれたんでしょうね。アメリカのプラスチック容器などが入ってくると、一層美しかったのでそういうのに変えていき、いい塗り物が安く売られていく時代でした。

私は、そういうのを見ると、惜しいなと思っていたのですが、皆さん、何でもお買いになっていくんです。高度成長のまっ只中にいるときは、私たちは物に翻弄されながら、生きていましたから、外から客観的に見ることはできなくて、巻き込まれていましたね。

そんな頃でしょうか。日本消費者協会が発足しました。私は、モノを取り入れる必要があるかどうか、選り分ける生活をしたほうがいい、ということを消費者協会関係の方に話したことがありました。それが、消費者協会発足に力を入れておられた方のお耳に入ったのか日本消費者協会が養成している、消費生活コンサルタント講座の講師として、話すようにと言われました。消費者の立場をどう考えたらいいか、という話をしたのですが、そのときの一期生の中に佐藤順子さんと若村育子さん（ともに生活評論家）がいて、今でも、お二人とは仲良く付き合っています。たまには一緒に食事をしながら、今の生活をどう考えたらいいかなどと、おしゃべりしています。

日本消費者協会は、一九六一年（昭和三十六年）に、消費者の啓発活動を主な目的として設立された公益法人。消費生活に必要な法律や制度に関する知識、暮らしの改善に繋がるさまざまな情報を提供している。また、消費者問題に取り組む人材育成、消費生活向上のための試験、啓発講座を行い、困ったときの相談機関として活動している団体だ。

生活者目線の仕事を

一九六二年（昭和三十七年）、当時のアメリカ大統領ケネディは「消費者保護特別教書」の中で、安全である・知らされる・選択できる・意見を反映させるという四つの消費者の権利を発表した。それと同時に、問題をそのままにせず、解決していこうという消費者運動が起こってきた。

暮らしそのものが、どんどん変わって、そうすると、どう暮らせばいいのか、自分で考えなければならなくなってきたんです。モノが溢れて、家の中はモノでいっぱいになって、その中で、どう暮らすのが一番いいのか、賢い暮らしなのか。

一方では、消費者運動が盛んになって、これまで、色が付いた食品も平気で食べていた私たちでしたが、危険な色素のことや添加物のこと、また混ぜものがあったり、悪い防腐剤が使われているなどのことが消費者の側から、次々と問題視されてきました。でも、私は、そうしたことも、自分の暮らしの問題として、考えていました。ごまかしに気づかない消費者の呑気さも考えさせられましたし、不正をおかしても安く売ることを考える生産者のいることなど、すべて一生活者の視点で、掘り下げてきました。私は、消費者運動ではなく、いつも一生活者としての目線を大切にして反省もして、そこから暮らしを考えていきたいのです。

たとえば、メーカーの方たちが電子レンジを出す。そうすると、メーカーでは使った意見が欲しいということで、暮らしの研究会、消費者の会といったものができます。電子レンジはその頃三十二万円でしたが、とても高くて、私なんて買えなかったのですが、そこに集まる方々は、われがちに買われて、そういう会に集まってくるんです。つまりお金持ちの奥さまたちばかりでしたね。

それで、ラジオで家事のいろいろを取り上げてきた私たち数人のグループで、自分たちの問題として、リビング・ジャーナル・グループ（ＬＪＧ）という、暮らしを商品だけではなく、さまざまな角度から焦点を当てて、一生活者目線で考えよう、という研究会を持ったんですね。ジャーナルなどと付けたのは、私たちが、暮らしについて、考えたり、聞いたり、研究したりしたことを、ラジオのほか雑誌や新聞などで発表するというグループだからだったのです。私たちのグループは、みんな自分の興味あることを持ち寄り、暮らしをどうしたらよいかということなど、いろいろと取り上げて研究発表しました。

ＬＪＧが発表した記事を『婦人公論』で見つけた。一九六七年（昭和四十二年）から六八年（昭和四十三年）までの掲載記事である。タイトルを挙げておく。「ディスカウントのからくり」。ディスカウントという言葉が氾濫しているが、本当に値引きなのか、なぜ安く売れるのかを探っている。「冷蔵庫はどこまで信用できるか」。保存テストの結果、食品がどれくらい保つかは、入れ方や入れ場所によることがはっきりした。「台所の整理」。女の暮らしの快・不快を左右するポイントだから、台所の整理を考え直した。「生活時間の整理学」。したいことと、しなければならぬことを整理分類して、暮らし方を考える。「家計簿を選ぶ」。大切な家計を家計簿から見直す提案をしている。「プラスチックの整理学」「正月支度の整理学」と続く。

あの頃は、使ったことのないモノが沢山あって、それに憧れて、家にモノが溢れていました。だから、整理整頓というと、婦人誌の編集者は「整理特集は年末の忠臣蔵なんです」と言っていました。整理を特集テーマにすると当たって、売れ行きがいいからです。でも、それだけではなく、本当はどう使ったら暮らしがよくなるか、合理的に考える暮らしでなければならないと、私たちのグループは考えて、発表したのです。

その頃私は、「使用頻度によって、モノは買ったほうがいい」と言ったんです。この「使用頻度」という言葉は、大事な言葉だと取り上げてくれた雑誌がありました。あの頃、生活用品の取捨選択に使用頻度という考えはなかったのですね。何かで書いたらびっくりされて、珍重されました。

今でも通じる「使用頻度」ということ。高度成長期から吉沢さんは使っていたと言う。暮らしに対する感度が鋭い。

講演に飛び回って

一九六九年（昭和四十四年）、アポロ十一号が月面に着陸し、一九七〇年大阪万博が開催され、日本のGNPは世界第二位となり、経済白書は「豊かさへの挑戦」がタイトルとなっている。

商品を販売していくため、広告ではなくPR（パブリック・リレーションズ）が、販売戦略の一つとなっていた。吉沢さんにPRの仕事が増え、あちこちに講演に出かけたという。吉沢さんは四十代半ば、一番仕事が充実していた頃だ。


私は、家計をどうしたらいいか、という話が多く、証券会社、信託会社、銀行などから依頼がありました。特に宣伝することではなくて、主に家計の話をしましたね。PRという形で普及していけば、結果として、消費者に理解してもらえるということで。

東芝に山田正吾さんという伝説的営業マンがいらして、電気釜の生みの親という方です。お釜にタイマーを付けたというので、時の人になった方ですが、その方からの依頼を受けて東芝のPRをしました。工学博士の糸川英夫先生と、山田さんと、私の三人で一緒に、全国あちこち講演に行きました。糸川先生は、家事はなさらないので、私が、家事の話をするのが、面白いとおっしゃって、聞いてらっしゃるんです。嫌だなあと思ったんですが、でも糸川先生って、面白い先生だから、一緒に回って、楽しかったですね。先生は将来の話をなさる、私は家事を楽しむにはどうしたらよいかの話をする、山田さんは家電品の実際の話をする、三人が三人の持ち味で話して、全国各地を回ったんです。

糸川英夫氏は、工学者。専門は航空工学、宇宙工学。ペンシルロケットの開発者であり、「日本の宇宙開発・ロケット開発の父」と呼ばれる。二〇一〇年小惑星探査機「はやぶさ」が糸川英夫にちなんで名付けられた小惑星「イトカワ」に到着し、サンプルを持ち帰ったことでも注目を集めた。

忙しくても料理は

日々仕事に追われる日常であった。仕事から帰ると、吉沢さんはすぐにエプロンをつけ、台所に立つ。

古谷氏のことを吉沢さん曰く「表向きは、女性に理解のある人だった。だから、私は封建的フェミニストだって言ってた。心はあるんですよ。でも体が動かないのね、男の人って。理論は理論、でも家事は自分のすることではなかった」と。忙しくても、目と口を毎日飽きさせないように、料理は考えて、いろいろと工夫していた。

忙しかったので、いちいち材料を買ってきて料理はできませんでしたね。だから冷蔵庫を開けて、あるもので考えました。それと、家庭料理ですから、立派な名前の料理はできなかったけれど、いつも段取りを考えて、次の料理のことも考えていました。

荻窪に市場があり、活きのいい魚が沢山あって、よく活き鰈《かれい》を買って、料理しました。新鮮なものは臭くないですから煮魚を作ったら、その煮汁で、次の日はおからを作るんです。これは、谷川先生の奥さまから教わりました。私が考えたのは、すき焼きの後のおからですね。新しくネギをたっぷり入れて。こんなやりくりばっかりしていました。

荻窪市場には貝屋さんもあったんです。そこに、むき身の浅蜊の活きのいいのがいっぱい売ってるんです。よくそんなのを買ってきて、ちょっと炒るだけにして、冷凍しておいて、それで深川丼みたいなものにしました、それとおからも炒ったりね。私は、おからがとっても好きだったから、よく卯の花のおかずを作りました。

古谷はおつゆがないとダメなんです。夜は味噌汁をよく作りました。お豆腐だけというより、いろいろと具が入ったけんちんみたいな味噌汁が好きでしたね。豚汁もよく作りました。あるとき、豚がなかったので、鶏を入れたら、こんなの豚汁じゃないって怒られたんです。だから鶏汁ですよ、って言ってやりました。

私は、同じものを続けて二度出すのは、知恵がないと思っています。ちょっと変えてやれば、また新しい料理だと思うじゃないですか。そのほうが、威張って出せる。煮物もいろいろ作って、残ったのは、精進揚げにする。そうするとまったく形も味も変わって、「おいしい」と食べてくれるんです。

来客に喜ばれたのは、白菜鍋と大根飯。白菜鍋は、冬によく食べました。白菜の間にベーコンを挟んで、白菜を5〜6センチに切って、鍋にギッシリと詰めていく。真ん中に錦糸卵をのっけて白菜の上にもベーコンを放射状に並べ、スープをさして、コトコトと煮るの。煮えたのを、そのままテーブルに出して、みんな勝手に食べる。好きな人は柚子、レモンを絞って。

戦争中に、中国料理の先生に習ったんです。経済的でおいしい料理を教えてくれました。これは、白菜が半分くらいですむから、下ごしらえが楽でした。

古谷の友だちに、あのベルツさん（明治時代に招かれ、日本医学界の発展に尽くしたドイツ人医師）の親戚がいたんですよ。高橋一作さんという方で、仲良しだったんです。その彼が好きで、「吉沢さん、あれ、また作ってよ」と言われまして。大好きだったようですよ。

私の大根飯は、大根を千切りにして、お米と同量にする。お米3カップなら、同じにね。ご飯を炊くときに、醤油で味付けし、水かげんは普通に、その上に大根をのせて、一緒に炊き上げる。炊き上がったら、ご飯はちょっと大きめの茶碗に盛り付けて、そこに、熱々の一番出汁の汁をかけて、食べる。出汁の味付けは薄口醤油。薬味に、海苔、生姜、白髪ネギなんかあればおいしい。この大根飯は、汁かけご飯なので、最後に食べると、温まって、お腹いっぱいになって満足するんです。

牡蠣飯も、よく作りました。牡蠣に醤油をふり、から炒りして、ちょっと汁気を濾《こ》して、醤油で味付けする。ご飯が炊き上がったところに、牡蠣を入れて、さっくりと混ぜ、一番出汁をかけていただく。薬味は白髪ネギと海苔と針生姜。

時間をかけて作る時間のないときは、白菜やキャベツをさっとゆがくか、蒸して、マヨネーズ、辛しマヨネーズ、わさび醤油、何でも添えて。勝手に食べていただきました。

キュウリ、キャベツなんかは、細く切り、酢、胡麻油、砂糖少々、醤油、唐辛子をフワッと沸かして、その中に漬けておきます。それをお酒と一緒に出します。ナスの揚げ浸しも、出し汁を作っておくと便利なんですね。出汁3、醤油1、味醂1、これをサッと沸かす。ナスを二つに割って、素揚げにして、お出汁の中に漬け込んでおく。それだけなんですけど、冷蔵庫に入れておくと、二、三日は持つので、作り置きにしておき、ずいぶん便利に使い回しました。

トマトの安いとき、熟れすぎたのが皿盛りで安売りとかがあると、ただ、茹でて裏濾しにして、冷たいトマトスープに。

前の家の地主さんは農家で、野菜を作っていましたから、よく大根などいただきました。だから、大根飯は頻繁に作りましたね。大根の葉っぱは、茎を別にして、刻んで塩をして菜飯にもしました。茎は炒り煮にして、鰹節いっぱいかけて。他は、お漬物にして食べました。いつも、一本ちゃんと使い切りました。新鮮だからおいしくてね。

鮭も塩焼きではなくて、ソテーやフライに、鮭は安かったので蛋白源としてよく利用しました。野菜の天ぷらなども、家でよく揚げましたね。天ぷらにすると、お蕎麦、おうどんに、それに天丼みたいにしていろいろと使えるものですから。ほんと、わが家は飲み屋みたいでしたね。

姑、光子との同居

一九五五年（昭和三十年）から一九七五年（昭和五十年）まで、日本も走りに走ってきたが、吉沢さんもメディアを走り抜いていた。

一九六二年（昭和三十七年）、姑と一緒に暮らすことになった。吉沢さん四十四歳、姑、光子さん七十四歳のときである。


私たちは、その前から、おばあちゃまの所へよく遊びに行っていました。そうすると、そんなに豊かでもないのに、鰻を取ってくれたり、煮物を作っておいてくれたりするんです。それが、おいしかったし、綺麗に盛り合わせてあったりすると、素敵だな、と思いましたね。昔の外交官夫人って、こういうこともできたんだな、とかいろんなことを見て学んでいたんだなと感心しました。

そして、おばあちゃまという人の生き方に感動したんです。私は、「ああ、素敵な人だな、こういう人、憧れだな」と、思っていたんでしょうね。私は、長男の嫁だという気持ちがありましたね。

おじいちゃまが亡くなったので、おばあちゃまは養老院（今のケアホームのこと）に行くと言っていたのですが、それがおばあちゃまの意思なら仕方がないけど、家に来て一緒に暮らしてみて、私たちと気が合わなければ、改めて計画を立てたらいかがですか、と私は言ったんです。そうしたら、そのほうが嬉しいけどね、と言うので、一緒に暮らすことに。およそ、二十年くらい一緒に暮らしました。まあ、当たり前だと思いました。長男だし、おばあちゃまもつらかっただろうし、嬉しいという気持ちもあったのでしょう。

再婚したおじいちゃまもまた、とっても素敵な、いい人だったんです。私は、好きでした。おじいちゃまのほうが年下でしたから、生前おばあちゃまが先に逝くと思うけれど、万一、自分のほうが先に逝ったら、私たち夫婦の所に行くようにと、言い残していたんです。私と仲が良かったものですからね。

逗子で、おじいちゃまが拾って集めた貝殻を、自分が倒れたら、私にやってくれと、おばあちゃまに言ってたそうです。それを聞いて、私は感激しました。

光子さんの父、室田義文氏（古谷氏の祖父）は、一八七二年（明治五年）に外務省に入省。洋語学校でロシア語と英語を学ぶ。伊藤博文に斡旋されたという。外交官、政治家、実業家であった。

古谷氏の父、古谷重綱氏は、外交官で最後はアルゼンチン公使を務め、その後、ブラジルに移住。古谷氏の叔父古谷久綱氏は、同志社大学卒業後、衆議院議員となり、伊藤博文の秘書官を長く務めた人だ。

重綱氏と光子さんは、室田氏と久綱氏との話し合いで、井上順之助氏の媒酌で結婚したという。子供は五人。男の子三人の長男が古谷氏。女の子は二人。人気俳優、滝沢修氏と結婚した長女文子、白石氏と結婚した二女信子。重綱氏と結婚した光子さんだが、離婚。子供を残して、その後再婚した。

子供たちにしてみると、突然、お母さんがいなくなって、一番下の弟なんかはまだ小学校三年生だったので、その下の妹と、毎日二人で、抱き合って泣いていたと、私は古谷から聞きました。もう古谷は、年中、母親をどう罰してやろうかという夢ばかり見たそうです。姑も、華やかな結婚だったでしょうが、親がよかれと思って決めた結婚ですから、後に自分に目覚めたんでしょうね。しかし、五人の子供を置いて出ていく、その決断力に私はすごいなと思いました。

姑は当時、三十代後半でした。再婚後は、とても幸せで、ずっと二人で仲良く暮らしていました。大人になってからの兄妹は、やはり母親のこともよく理解できて、母たちとも仲良く、ときどき兄妹会を開いていました。孫も一緒に、おばあちゃまとおじいちゃまも呼んで、家を回り持ちで兄妹会をしていました。私たちはお正月をホテルで過ごしていたんですが、おばあちゃま夫婦を誘ってよく一緒に過ごしました。だから、おばあちゃまが一人っきりになって、家に来てもらって暮らすことは、私には当たり前であったんです。

セキスイプレハブ住宅第１号の家に、今も暮らしている。家を囲むように庭があり、庭には杉並区指定樹木の松が住居と同様に年齢を重ねている。周辺の家は新しい家に変わったが、吉沢さん宅は、戦後のままだ。平屋で、京都の町家のように奥が深いが、プレハブ部分の、モダンなサンテラスは、古谷・吉沢夫妻の進歩的な発想から生まれたものだ。昭和の生活文化財としても残したい

第八章

家族に寄り添った台所

Family

一九七〇年（昭和四十五年）大阪で日本万国博覧会が開催された。翌一九七一年（昭和四十六年）には、カップ麺登場、ファーストフード一号店が銀座にオープン。冷蔵庫普及率は九十七％となっている。

一九七二年（昭和四十七年）、田中角栄通産相は、『日本列島改造論』を発表。地価高騰に拍車がかかることになる。西武流通グループでは、アメリカの巨大小売業と組んで、カタログ販売を開始した。また、日本初のコンビニエンスストアがオープンする。一九七六年（昭和五十一年）には、持ち帰り弁当の一号店が登場して、仕事を持つ女性の社会進出と重なり、デパ地下惣菜店の出店なども相まって、調理済み食品への人気が急速に高まっていく。一九七九年（昭和五十四年）には、外食産業は十兆円の産業にまで成長し、日本の食品輸入は三兆円を超えて、世界第一位となった。

そして、第一次（一九七三年）と第二次（一九七九年）のオイルショックをきっかけに、成長を続けてきた日本経済は、次第に陰りを滲ませていく。

料理の仕事を止《や》める

古谷氏は、「たん熊」の料理に凝って通っていたという。そのご主人が、六十代になった頃のことだ。

古谷が恐る恐る、「僕はね、こんなことを言うと、怒られるかもしれないけれど、大将より、この頃、西田君（当時たん熊の包丁を握っていた調理人）の料理が食べたい」と言ったそうです。ご主人は、「当たり前です。味付けなどはともかくとして、切ったりすることは、次第に力がなくなっていくんです。料理の世界も同じですよ」という話をしてくれたそうなんですね。

五十代に入ってからの私は、手がやっぱり違ってきて、人の前で、鯵の頭をパッと落とせるということができなくなったし、固い物が切れないな、と感じていたんです。私は、古谷からこの話を聞いていたので、自分ができなくなってきたら、そのことに、恋々《れんれん》としてはいけない、料理の仕事は止めようと思ったのです。

吉沢さんがまとめた『まな板修行』（柴田書店）に、〝インタビュアーとして〟と、次のように書いている。

「私も、一時期をそういうマスコミ料理を考える一人として暮らしてきたので、その仕事から受けた反響で、とにかく、今日のおかず作りに役立つアイデアや、厳しい訓練がなくてもできる食べもの作りを求める声の大きいことも知っている。ただ、私は、自分がそういうことをしてきただけに、マスコミ料理のおちいりやすい落とし穴に、このごろ、人一倍のおそれが出てきたのである。

それは、例えば一切れの肉、一尾の魚という料理の素材に対して、その肉なり魚なりを、どう料理したら一番よいかをと考えるよりは、フライならフライという方法が先になって材料は何でも同じ扱いになってしまうといった、本来の料理する精神とは逆の形を、なんの疑いもなく作っていってしまう傾向に、おそれを持ったのである」

吉沢さんは、料理番組などのインタビュアーとして活躍していたが、この頃から料理に対していろいろと考えてきたようであった。そして、五十代半ばで潔く、料理の仕事を止めたのである。

洗濯だって全部手でして、炊事だって手を使って、何もかも自分の手でしていた時代の人の手の衰え、これは、力はあるかもしれませんが、衰えは早い、と思っていました。カボチャが切れないのは当たり前。無理して切るよりは、切れる人に頼む。私はむしろ他のことをやったほうがいいんじゃないか、と考えるほうなんです。だから、ちょっと電子レンジにかけてからカボチャを切ることを思いついたのです。

実は他にしたいこともあったんですね。今、思えば生活術というのか、どう暮らすか、ということにだんだん興味が移っていきました。歳をとるっていうことがどういうことかということも、次第に分かってきましたね。このように、私の関心が動いていくことと一緒に世の中が変わってきたのは、私にとって幸いでした。

先を見据えて、自分を転換させる、それが、吉沢さんの潔さだ。過去は振り返っても、決して湿っぽくはならない所以《ゆえん》ではないかと思う。

どう暮らすかをテーマに

　五十代になると、「どう暮らすか」を考えるようになってきましたね。できないことに恋々としているより、できることをどうしようかと考えるのが、私なんです。自分の心の中で、やることを探していた、その探していたことが仕事になった、と言ったほうがいいでしょうか。

　日々の暮らしそのものが、これまで粗末にされてきたことに気がついたのです。それが仕事になるなんて、思っていませんでしたから。毎日の暮らしをどうしようかとか、できなくなったことをどう工夫していったらいいか、なんてずっと考え続けていました。当たり前のことであって、特別、仕事にはならないことだったのですが、何とはなしに、仕事になっていきました。私の場合には、それがマスコミに目新しかったせいか、考えたことを書くと、取り上げてくれるマスコミがあって仕事になったのです。

　そういう時代に、私が探していた「どう暮らしたらよいか」というテーマが一致してきたのですね。
それと、以前より暮らしが大事にされてきたのだと思います。それは、豊かになり、モノが溢れ、暮らしを楽しもうと思い、女性が社会に出てきた、などの背景が重なったのだと思います。だから、料理の仕事は止めましたが、次に、暮らしを中心として、どう暮らしたらいいか、という年齢に合わせたようなテーマを見つけた、と言っていいと思います。

どう暮らしたらいいかというテーマは、古谷氏との生活を始めた頃からのテーマで、古谷氏のテーマでもあった。古谷氏の著書『日本人の知性』（学術出版会）にも収められている。長く、夫婦のテーマだったと言えるだろうか。

勉強会をスタート

一九六六年（昭和四十一年）吉沢さん四十八歳、古谷氏五十八歳のときだ。二人で話した。

古谷ともよく話していたのですが、歳をとってくると行動範囲が狭くなってきます。社会のほうから家に入ってきてもらおうと思ったのです。出かけていくのもいいのですが、出かけられなくなったら社会が遠くなって、孤立することになる。社会を家に取り入れれば、孤立もなくなります。そういうことが大事じゃないかと、古谷と話していました。ことに古谷は六十歳近くなっていましたから、感じていたのでしょうね。それから、私はいろいろなことを隠し立てしないで、誰にでも見てもらって、家で一緒に食事しましょうと、言えるような家庭にしたいと思っていました。家に来てもらうのを嫌がらないようにしました。

これは、歳をとったからといってできることではないので、若いときから考えておきたいこと、みんなと仲良くしておくことが大切だと、考えるようになりました。
そんな考えから、勉強会もスタートしたんです。

一九六八年(昭和四十三年)三月九日付の日経新聞に、古谷氏が書いた記事がある。「熊の子学校繁盛期」だ。学校の様子、成り立ちなどが書かれている。この学校は、吉沢さんが引き継いだ「むれ教室」の前身。当時の熊の子学校を、記事から読んでみる。
「僕たちの学校ゴッコも、この三月で開校以来一年半になる。授業日はだいたい月一回、日曜日の午後から夜にかけてひらいている。生徒の資格には制限があって、三十歳以上ということになっている。若い人はさまざまな勉強会のチャンスに恵まれているから遠慮してもらおうというわけである。生徒は現在二十人。職業別でいうと、大学の先生、ジャーナリスト、主婦、職業婦人、停年退職した人など、雑多である。授業は、いちおう、日本の歴史に関係のある講義を聞くことを建て前にしている。すでに二十回ちかい講義がひらかれた。鎌倉国宝館の三浦勝男さんの「鎌倉」が最初であった。その後、民俗学者鎌田久子さん「正月習俗の歴史と意味」、人類学者岡田宏明さん「原始人の生活」、国文学者鈴木一雄さん「万葉集にみる古代人の生活」、美術史家富永次郎さん「裏日本の和菓子」などだ。(中略)この学校は、ほんの偶然なことから、始まってしまったのである。僕は日本の歴史については、白痴にちかいぐらい知識がないのである。それを大きいひけめにも、不便なことにも思ってきた。そういうとき、C社の「日本の歴史」が出版されチャンスだと思った。

待ちかねるように読み続けて行った。そうしているうち、分からないことを解説してくれる、聞きたい質問に答えてくれる人がほしくなった。ある晩、行きつけの飲み屋で、その嘆きを話したのである。すると、幾人かのグループで聞くのだったら楽だろう、自分たちもその仲間になろうということから学校ゴッコが始まったのである」

熊の子学校は「むれ教室」となり、現在、生徒は十五名、日本の歴史だけではなく、世界の歴史、美術史へと授業範囲は広がっている。教室は杉並吉沢家の一室、開校時間、スタイルも熊の子のときと変わらない。

新潟日報に連載を

長く古谷氏と、そして吉沢さんとも今日まで、繋がりを持った新聞がある。新潟日報だ。その付き合いは、原稿料や印税などの手続きの無かった、戦後間もなくからであった。

縁あって、今に繋がる長いお付き合いが新潟日報と始まったのです。原稿を依頼に来られたのが石川宮さんという方。石川さんは、婦人記者だったんですよ。当時、婦人記者は二人しかいなくて、もう一人が小木ミサヲさん。この方は、前社長・上村さんの奥さん。

宮さんが原稿依頼に来たとき、古谷は「原稿料と引き換えにしてくれますか」と言ったんです。当時はまだ、原稿料を支払ってもらえないところが多かったので、古谷はいつも引き換えを条件にしていました。すると宮さん、「はい、いいでしょう」と言ってくれました。原稿を渡すとき、宮さんが出した封筒は、白いただの封筒だったんです。「これ自分のお金じゃないですか。それだったら、僕はいただけませんよ」と。古谷は、宮さんが自分のポケットマネーを出しているのを知ったのです。これはあなたのお金だからと。宮さんも、「いいえ、お約束です」と、押し返してね。古谷は宮さんの、そんなお人柄に感動したのですね。

それから、「それじゃ、あなたお酒飲みませんか」ということになって、わが家の食卓に誘って、そこから石川さんとの交際が始まったのです。それが縁で、古谷は新潟日報に「新潟遠望」を書くようになりました。ちょうど、十八年間、書いていました。

それは、戦後のことだったそうだが、石川宮さんは、お酒が飲めて、古谷家では踊りまで披露したそうだ。

うちの食卓でお酒を飲んでいるときに、宮さんが「吉沢さんも、家事についてコラムに書かないかしら」と言ってくれて、それで、新潟日報に書き始めたんですね。それは、どのくらいになるかしら、もう四十七年ぐらいになりますかね。

新潟日報で読者ファンが多い、コラム「吉沢久子の家事レポート」だ。現在も連載し続けている。一九六七年（昭和四十二年）からの長寿連載である。二〇一五年（平成二十七年）一月掲載の「空っ風の吹く中で」を紹介する。

「庭の一寸ユズが、今年はまるで黄色の花が咲いているように、いっぱい実って数えきれない。こんなにたくさん実をつけたのは初めてだから、びっくりしている。花の時はそれほど多くは見えなかった。（中略）私は食べられる実のなる木が好きで、何でも自分が食べておいしかったものの種子を植えておいた。それが、今は花を付けたり、小さい実を結んで見せてくれる。桃もアンズも自分で味わうところまではいっていない。ただ、柿だけは渋が抜けて甘くなると、たくさん実った小さな実を、ふだんはけっして同席しない小鳥たちが同じ木で仲良く食べている風景が見られたりして、食べ物が潤沢だと、仲良くなれるものなのだな、と眺めるのが楽しい」

毎週書いているので、新潟日報が親戚みたいな感じなんです。

ミニ家出

仕事と家庭、今では、当たり前のように二役の女性は多いのだが、戦後から高度経済成長期頃では、二役の女性は少なかっただろう。姑との同居や毎晩のような酒客へのもてなし、と、休む暇のない生活のほかに、職業を持つ女としても気の許せない日々だった。さらには、老いる家族に寄り添って、自分の時間を持つことなど叶わなかったのではないか。

よく働きましたね。働かなければ生きていかれなかったから、休みたいなあ、と年中思ってましたよ。精神的に休まると、体も休まりますから。それで、考えたのが、ミニ家出。

忙しいときに、ミニ家出をしました。家出といっても、ちょっと横浜まで電車に乗って、考えをまとめるとか、青梅行きのバスに乗って、ぼんやりと山を眺めて、引き返すんです。その程度ですね。家族には分からない程度に家に帰るのを遅らせて、自分のための時間を作りました。あれもこれもと走り回る毎日だったので、いっときでも解放されたかったんですね。原稿を書こうと思っても、家事に追われると、考えがまとまらず、そのうち忘れてしまって…。バスや電車に乗って、外を眺めていると、考えをうまくまとめることができたのですね。

欲しかったのは、自分の時間。古谷は、私のことを「君は安上がりな女だな」と、よく言っていましたね。着物や何かを欲しがらなかったからです。自分の時間だけが欲しかったんです。

家族が好んだ料理

古谷も、おばあちゃまも好きだったのが、鶏を焼いた料理でした。簡単なのでよく作っていました。

鶏の足にお塩して、水分が出たらちょっと拭いてから油を塗り、天火で焼く。いくつもできるし、一人前のときは、フライパンで焼いていました。あの、ケンタッキーフライドチキンみたいなものですね。それにマッシュポテトと青い野菜を添えて。ケンタッキーが開店したとき、早速買って、おばあちゃまに食べてもらったら、「あら、おいしいわね」と喜んでいました。

鶏の丸焼きも、おばあちゃまが好きだったんです。お腹の中にパンとかの詰め物をして、周りに茹でたジャガイモを添えると、とても豪華なんですよ。別に、クリスマスじゃなくても、おばあちゃまが喜んでくれました。若い方がみえたときも、こんな料理を喜んでいましたね。

そうして、残ったら、ほぐして、サラダにするんです。鶏肉、パイナップルの缶詰、リンゴを小さく切って、マヨネーズで和える。材料は冷やしておくと、いつでも使えるので重宝でした。こうやって、料理の姿を変えて出すのが、私流でした。

それとスープですね。ポタージュ風が好きだったのでよく作りました。ニンジンを茹でたり、グラッセにしておいて、それをミキサーにかけて、牛乳と塩を入れて、ポタージュにして、毎朝飲んでいました。キューブがあるときは、それを最後にちょっと入れて、ときには生クリーム、バターなども落としてね。

昔から、私は干し葡萄が好きでした。干し葡萄と、ニンジンの細切りと、お塩とオイルを少しくらいで、サラダにしておきます。そうして保存しておいたのを出すと、おばあちゃまも古谷も「朝からこんなに丁寧なことしなくてもいいのに」と、二人で驚いていました。その細く切ったのが、一生懸命に見えて、手を抜かないで大変だと思うのでしょうね。細切りなんてお手の物だから、それに細切りじゃないとおいしくないのです。

お正月には、ちょっと手のかかる生姜巻きを。これは、茨城の郷土料理で、大きい大根を薄〜く輪切りにして、数日干します。シワシワになったところで、千切りにした生姜を芯にしてくるっと巻いて、それを糸で繋いで、首飾りみたいにして、干しておきます。二〜三日してから、甘酢に漬けて、さらに甕《かめ》に漬け込んでおき、お正月に、メインの料理みたいにして食べました。

富永次郎さんなんかは、「これを食べると、正月気分だね」とよく言っていました。時間はかかるけど、経済的ですから。みんなが好きだった料理ですね。

おやつでは、古谷もおばあちゃまも、ホットケーキが好きでしたね。それに、おばあちゃまという人は、必ずデザートが欲しい人だったんですね。ですから、よく、プディングを作っていました。牛乳と卵だけあればいいでしょ。ソースはね、キャラメルを使って。プディング用のカップの底に一個を置いて、そこに牛乳と卵、砂糖を溶いて流して蒸すと、キャラメルが溶けるんです。

冷蔵庫に入れて、デザートにしたところ、「あら、おいしいわね」と、よくおばあちゃまが食べてくれました。

おばあちゃまは、煮物が上手でした。特に、かんぴょうの煮たものが、おいしかったですね。おばあちゃまの家に行ったときに、四角く切ったのが野菜の煮物と丼に盛り合わせて出ているんです。何だろうと思って食べてみたら、かんぴょうの煮たものでした。※①魚飯《ぎょはん》と、※②大村寿司もよく作ってくれました。これはおばあちゃまから受け継いだ、わが家の、私の料理です。

※① 焼き魚の身をほぐして炊き込んだ飯。また、器に飯と魚の切り身を入れて蒸し、すまし汁をかけたもの。
※② 長崎県大村市に伝わる郷土料理。酢飯の間に具材を挟み、錦糸卵をのせた寿司。

生涯現役

おばあちゃまが元気な頃は、三人で仲良く、毎月のように旅行に行きました。それで、私もいい骨休めになったんです。

古谷が古代史に夢中になったときは、毎日古事記とか日本書紀のことを、食卓で話していました。すると、「私、古事記を翻訳してみようかしら」と、おばあちゃまが言い出して。古谷は、面白がって、子供用の古事記を買ってきて、おばあちゃまに渡したりしていました。

そうすると、「みこと」が二つあって、「尊」と「命」と。これはどう違うのか、と質問されるので、私たちも分からないものですから、先生に伺うまで待って、なんて言いました。だけど、あの年齢でそういう興味の持ち方は、すごいなと思いましたね。生涯現役だなと感心しました。

その頃、おばあちゃまは、英語を教えていたんです。外交官の妻でしたから英語はお得意でした。でも、人に教えるからにはと、自分もイギリス人の所へ行って、勉強をし直していました。七十〜八十歳のときです。すごいなと敬服しました。

おばあちゃまとは海外への旅もしました。アメリカとカナダには一度。イギリスへ行きたかったんですが、そのチャンスがなくて、香港とか、アメリカへ。でも船旅がしたいと、英語のお弟子さんと船でアメリカに行ったんです。船だと、各国の人と交流ができて、おしゃべりもできてよかったようです。

お誕生日のとき、何を買ってあげようか、と夫が聞くと、「地球儀が欲しい」と言うのですね。この頃は、いろいろな新しい国ができるので、昔のでは分からないからと。大きい新しい地球儀を買ってあげたら、もう、一生懸命に見て楽しんでいました。

ほぼ20年を、ともに暮らしたのですが、一緒に暮らしてよかったなと思いました。一緒に暮らすと、きっと私にとってプラスになるという勘が当たったような気がします。素敵なおばあちゃまだから、介護ができたのだと思います。おばあちゃまを大切にしたいと思っていましたから、続けられたのでしょうね。

おばあちゃまからは、本当にいろいろなことをよく教えていただきました。これが厄介者扱いをしていたら、何も学べなかったと思います。私も普通の人間ですから、疲れ果ててしまったこともありました。疲れ果てたら、ぞんざいな扱いになってしまうかもしれませんから、疲れ果てないようにしようと思っていましたね。

本当に、いくつになっても好奇心を失わない、生涯現役、できることは自分でやる、ということを教えてくれた、素敵なおばあちゃまでした。私のお手本になっていますね。

夫、古谷綱武氏は文芸評論家として戦前・戦後に活躍。吉沢さんの才能を早くから見抜いていた一人だ

家族を見送るとき

　吉沢さんが、六十歳を迎えた頃だ。

　姑は「これを止めたら、生きがいがなくなる」と思っていたのでしょうね。九十歳をすぎても、小学生に英語を教えていたのですが、ある日、教え子の顔を忘れてしまったらしく、「変な子が来たので、気持ちが悪い」と訴えたのです。私は、腰が抜けそうになって、古谷と相談して、ほどなく英語教室を止めたのですが、それから急に老いたように見えました。

　でも、それが認知症だとは、最初は私には分かりませんでした。それでずいぶんと振り回されましたが、でも、「ああ、これは私の明日の姿なんだな」と気がつきました。

　それで、よく見ておこうと、それからまた真剣に付き合い始めたんです。認知症という病気も分からなかったときですよね。有吉佐和子さんの『恍惚の人』（新潮社）

が出たとき、ちょうどあの頃でした。

おばあちゃまは病気になっても、ふっと正気に返るようなときがあるらしいのです。すると、「こんなに世話してもらうつもりじゃなかったのに、ごめんなさい」と言うんですよ。もう私は、ああ、気の毒に、なんて気の使い方かしらと思いながらお世話していました。まあ、本人が一番つらかったでしょうから。

私が尊敬していた人でしたから、よその方に見せるのが嫌で、全部抱え込んでしまって、一人で看ていました。疲れたなんて弱音も言っていられないのですが、私も生身ですから。でもこれは間違いでしたね。大変なことですから。おばあちゃまが、足を痛めて、一日中、ベッドで過ごすようになって、食べさせることからお下の世話までしたんです。寝付いたのは、半年くらいだったでしょうか。

そして、極端に食が細くなったので、入院して調べてもらおう、という日の朝、ロウソクの灯が消えるように息を引き取りました。ほんとに苦しむことなく、安らかな最期でした。

姑、光子が亡くなった頃から、古谷氏は次第に鬱状態となり、「新潟遠望」を書くことを止めた。

古谷は、おばあちゃまが亡くなってから三年後、体が弱り、最後の一か月ほど往診してもらっていたのですが、衰弱が激しくなって、入院ということになったんです。救急車で入院のため、大慌てで飛び出したので、一度家に戻って荷物を整理していたら、すぐに呼び戻されて。駆け戻って、古谷は間もなく息を引き取りました。一九八四年（昭和五十九年）二月十二日、おばあちゃまのときと同じで、眠るような静かな死でした。

（上）姑、光子が亡くなった葬儀に親族が一堂に会した。吉沢さん（前列右から二人目）と、右隣が妹で、声楽家の美穂子さん、左隣が夫、綱武氏
（右）古谷家には、よく兄弟姉妹が集まった。吉沢さんのおもてなしの腕が発揮された

第九章

夕日を眺めた台所

Sunset

姑、光子を見送る前年の一九八〇年（昭和五十五年）に、吉沢さんは『私の冠婚葬祭ノート』（東書選書）を出版している。その中には、古谷氏と聞き書きの旅をしたときの「老婆聞き書き」の一部が収められている。

一九八一年（昭和五十六年）に姑、光子、一九八四年（昭和五十九年）に古谷氏を見送り、一人暮らしとなった。

社会では、一九七九年（昭和五十四年）、滋賀県がリンを含む合成洗剤の使用禁止条例を決定した。一九八一年（昭和五十六年）、京都では年間三千八百万人にも及ぶ観光客の投棄する空き缶公害が深刻化し、日本で初の「京都市空缶条例」が制定された。秋田市では空き缶、空き瓶の回収を始めるなど、この年、全国で空き缶が問題となり、人々にゴミ環境への関心が高まっていく。東京の世田谷区では、「環境一一〇番」が開設されて、公害、都市環境、衛生、土木など、環境問題の相談を受け付けることとなった。

家族がくれた贈り物

心の準備は十分にしてきたつもりだったのですが、やはり、古谷が亡くなったのは、ショックでした。つらかったのは、一緒に笑ったり、本を読んだり、意見を言い合ったり、共通の経験をしたり、共通の思い出を語り合う人がいなくなった、ということですね。それが、とても寂しかったのです。

若い頃に、一人暮らしをしていたときが、ほんのちょっとありましたが、それからは、ずっと人がいる生活でしたので、一人暮らしはしていませんでしたから…。だから、しばらくは、食べることが好きな私が、料理をする気にさえならなかったんです。それで、気がついたのは、それまで、古谷が好きだから、おばあちゃまがよく食べているから、ということで、料理を一生懸命にしていたんですね。自分のために料理を作ることがなかったんです。

そんなことがしばらく続いたら、何だか心がささくれたようになって、ざらついてきたような感じがしましたね。

あるとき、外で柿の白和えを食べたんです。私の好物なんです。これが本当においしくて、ああ、もっと食べたい、と思ったんですね。それで、自分で作ろうと台所に立ってからは、何だか体が軽くなったようで、気持ちも自由になって、そうだ、この一人暮らし、一人の時間は、家族が、私にくれた贈り物なのだ、と思ったんです。

だったら、寂しい、悲しいではなくて、明日を充実させて、仕事も一生懸命にして充実させて生きなくっちゃ、と思ったんですね。人生には、つらいこと、悲しいこと、乗り越えられないこと、苦しいこと、いろいろありますが、でも、どんなことも素直に受け入れて、ちゃんと前を向いて生きていこう、このとき、強く思ったんです。

老いじたく連載

一九八五年（昭和六十年）に日航機が御巣鷹山で墜落事故を起こし、続く翌年には、チェルノブイリ原発事故が発生し、一九八九年（昭和六十四年・平成元年）昭和天皇が亡くなられて、昭和という時代は終わった。吉沢さん七十一歳。七十代は、一人暮らしを満喫したという。

それまでは、たびたび仕事をお断りしていましたが、自由に引き受けられるようになって、講演など泊まりの仕事もどんどん受けて、また、忙しくなりました。仕事だけではなく、ご近所に住んでいる、高見澤たか子さん（ノンフィクション作家）夫婦と一緒に、ベルギー、オランダなど、ヨーロッパにも旅行しました。友だちとも付き合いを復活させて、自由な時間を無駄に使わないように、フル稼働でした。

日本は長寿国となり、一九八三年（昭和五十八年）には、一人暮らしの老人が、百万人を突破した。翌年には、女性の平均寿命が八十歳を超え、社会は高齢化になった。その社会に歩調を合わせるように、吉沢さんも八十歳に手を届かせていた。そのタイミングを見ていたように、朝日新聞「吉沢久子の老いじたく考」の連載が始まった。

仕事は元気にしていたのですが、七十代も後半になってくると、体に老いを感じ始めたんですね。頭で思ったイメージ通りに、手や足が動かないんです。庭で転んだり、ちょっと、モノを置いた場所を忘れてそれにつまずいたり、人の名前を思い出すのに少し考えてからだったりと。

これが、おばあちゃまが言っていた「その歳にならなければ、分からないことがあるものよ」ということだ、と思いました。それからは、少し慎重になりましたけれど、老いもなかなか悪いものではない、とも思いましたね。

たとえば、時間がたっぷりできたから、これまでは、忙しくてゆっくりと夕日なんて眺めたことがなかったのですが、飽きずに夕日を眺めていると、色が変わっていき、とても綺麗な色なんですね。それを心ゆくまで楽しむことができる。それは、老いたからこその味わいなんですね。

こうした、自身の老いを語った連載が好評となり、次々と老いをテーマとした著書を発表する。『老いをたのしむ暮らし上手』『ひとりで暮らして気楽に老いる』『私のきままな老いじたく』などだ。その中の本のはじめに、吉沢さんは書いている。

「『老いじたく』という言葉は、ひょんなことから私の頭に浮かんできました。旅の好きな私は、この本の中にも書いていますが、仕事でも遊びでも、旅行の予定ができると、すぐ、大きな紙バッグに、たとえば、北海道行きとか、出雲行きなどと書いたメモを、貼り付けておきます。その旅行に持っていきたい資料とか、本や地図など、思いつくままに入れておくのです。この、自分の旅じたくの楽しみを考えているうちに、『そうだ、老いもまた、未知の土地へ行くのと同じで、死さえ、未知の興味の対象ではないだろうか、自分の人生の仕上げの時期を、自分なりに楽しく生きなければ、つまらないではないか』と感じるようになったのです」

これは、後に続く、私たちへのエールであろう。

できることを精一杯

連載の好評を受けて、朝日カルチャーセンターをはじめ、あちこちからの講演依頼があり、再び、仕事で忙しい暮らしとなった。

一人暮らしになったとき、メダカを飼いました。自分が世話をしないと、生きられないものを飼いたくなったんですね。世話すると、生活に張りが出ますから。本当は犬が好きなのですが、留守が多いし、散歩に連れて出る力がなく、犬と暮らす資格がないと思って、いろいろ考えた末にメダカ。近所に住んでいる、古谷が親しくしていた青年が、持ってきてくれたんです。エサをやるとき、みんな水面に上がって来るので、面白いですよ。小さいけれど、家族みたいに気にかかるのです。

それと、おばあちゃまが住んでいた所を、菜園にして、野菜を作り始めました。甥にも手伝ってもらっていますけど、食べるものが作れるって、とても楽しいですね。今は、戦争中と違って、肥料もあるし、野菜の種類も多くて、春になると、レタス、春菊など栽培した野菜で、サラダを作ると、それはもう新鮮で、おいしい！

先を考えて、不安になる人もいるかもしれませんが、でも、今、できることを精一杯楽しんだほうがいいんじゃないかな、と思ってやり始めたのです。

失ったものを数えたり、不安の先取りをするより、今、できること、今の幸せを精一杯かみしめたほうがいいと思うのですよね。

姑、光子の介護経験から、吉沢さんは、あるグループに参加し、できることを精一杯しようと考えた。そのとき、参加したグループは二つ。

一つは、「高齢社会をよくする女性の会」。評論家の樋口恵子さんが代表を務め、個人、各地のグループ、団体など、多くの女性たちが参加している。年一度開催される全国大会では、各地から集まった人とともに、自らの手で、超高齢社会を充実して、豊かに過ごせる環境づくりについて、さまざまなことを語り合っている。

吉沢さんは理事の一員として関わり、女性たちの話を聞き、自分が介護される側に立ったときに見えてきた、高齢化の楽しみ方などについて、みんなと一緒に考えている。

もう一つが「ふきのとうの会」。主に、一人暮らしの方々に、昼食と夕食の配食サービスを行っているグループで、デイ・ケアや、介護サービスもしているこの会には、配食サービスにボランティアで参加している人が多くいる。吉沢さんは理事の一人として、ボランティアの方たちと友だちの輪を広げ、自分の知らなかった話に耳を傾け、高齢者のこれからの生き方を考えている。

人は、歳をとり、老いてくると、次第に体に衰えを感じ、経済的にも不安となり、昔の自分を懐かしんで、取り戻すことなどできないと分かっていても、取り戻したいと願う。吉沢さんは、そうは思っていない。歳をとったら、その歳相応のことが沢山ある。だから、老いを素直に受け止める気持ちや考えが大切なのだという。

【自分のことは自分で】

古くから親しくしている方の娘さんが、遠くから来て、しばらく我が家に滞在するということが、毎年、数回ありました。今回も、つい先日、しばらく滞在していきました。彼女のお母さんは、私より二つ上の、今年九十九歳なんですが、普段は彼女がお世話しているから、同じように、私の世話もしてくれたんです。薬を飲もうとすると、サッと水を持ってきてくれたりしたんですね。それは、とてもありがたいし、私も楽なんですよ。

でも、ちょっと考えて、そんなことに慣れてしまっては、彼女が帰ってから、私は、薬を飲むのに水の用意を忘れてしまって、びっくりしました。これは、ほんの些細なことですが、一人暮らしですから、自分のことは自分でコントロールしていかないといけませんね。自分を甘やかしてしまったら、際限なく、タガが緩んでしまいますね。自分でできることは自分でしなければと実感しました。そのうち、肌着が着られない、トイレにも行けない、ご飯だって食べられない、なんてことになるかもしれません。でも、できるうちは、自分のことは自分でする、これが、老いても「自分らしく」という心持ちでしょう。

【仕方がない】

誰もが、歳を重ね続け、歳をとれば、いつかは滅びますよね。これは、当然のことで「仕方がない」、と思っているんです。

永遠に生き続けることなんて、できませんものね。この歳になると、この言葉は、未来に訪れる不安から、逃れる一つの方法かもしれないな、と考えるんですよ。決して、諦めてるんじゃなくて、それまでは、精一杯やり遂げたらいいことで、何にもしなくて、「仕方がない」とばかり言っているのではないのですからね。

たとえば、夜中に胸のあたりが急に変だな、というときも、「これでどうかなっても『仕方がないかな』」と思うのです。歳をとって、体が思うように動かなくなり、モノ忘れしても、それを嘆くのではなくて、「仕方がない」と思ったほうが、気持ちが軽くなりますね。そのほうが、いいんじゃないでしょうか？

【だんだんシンプルに】

自分が、歳相応の健康で、機嫌よく暮らせることを一番に考えて、毎日暮らしているんです。だから、シンプルに暮らそうとも思っているんです。

でも、私のいうシンプルというのは、モノを減らして…というのとは、ちょっと違うんですよ。それは、私が戦争を体験しているので、どうしても使えるモノを捨てることができないんですね、使えるモノは最後まで使おう、と思ってしまうんです。だからモノを減らすとか、減らさないとか、というシンプルではないのですね。

この歳になってくると、欲がなくなっていくのでしょうか、とてもシンプルになってきます。

私は、もともと、着る物には欲がなかったので、おしゃれの欲はないのですが、仕事についても、もうそれほど多く、欲張っては書けませんね。

お金だってそうです。私、昔「ピンピン貯金」というのをしていたんです。それは、原稿料なんかが振り込みではなかったので、ピン札で送られてくるんですね。それは私のお小遣いと三人での旅行の費用にしていました。そのうち、書留がくると古谷がすぐ開封して、全部ピン札だと、クシャクシャッとまるめてしまったり。でも私たちは、二人とも、全体の貯金がいくらあるのか、よく知らなかったんです。古谷が亡くなって、開けてみたらあんまりお金がなかったんです。

でも今は、人に迷惑をかけてはいけないから、そのときよりは貯金にも励んでいます。それほど欲張っても仕方がないからゆったりと仕事をしています。

今、私の欲といったら、昔からなのですが、食欲ですね。

増えているのは、幸せの欲、気持ちですかしらね。ああ、おいしかったと思うことが、本当のシンプルじゃないかしらね。

【無理はしない】

最近は、手の力も弱ってきて、以前のように鰹節を削るなんてことができなくなったんですね。でも、それは仕方がない。できる範囲でやれればいいと思っていますから。それでも、落ち込んだり、嘆きはしませんよ。それは、できるように自分で考えることになりますから、それで工夫していけばいいですよね。

瓶の蓋が開かないって、甥なんかは、いろいろとグッズを買ってくれましたが、私は、あるものでちょいと開けられますよ。それは、古くなったゴム手袋を使ってね。ゴムは滑りませんから、固い蓋には、便利ですよ。

歳をとれば、昔のように、サッサッと家事をこなせなくなるのも当たり前と思っています。

大掃除も、これまでは、一気にしていましたが、もうできない。でも大掃除しないのは、もっと嫌。だとしたら、大掃除じゃなくて、少しずつの掃除に切り替えればいいと思うんですよ。食器戸棚なんかも、一段ずつ掃除すれば、時間はかかりますが、綺麗になるし、時間はたっぷり持っているから、それで十分ですよね。もう、無理はしません。

あっちもこっちも、というと無理してしまいますよね。目をつむるところは、キッパリと人にまかせ、ここぞ、という所だけにすることです。人がおみえになるときは、サッとトイレも綺麗にしますよ。でも、あそこもここもと欲張りません。体力的にできないのですから、甥や姪の手を借りて、少しだけ、きちんとしておきますね。

以前は、外出から帰ってきたらコートにブラシを掛けましたが、今はもうしませんね。体を休めるほうが先、早く横になりますね。無理をして、次の日に動けなくなってはいけませんから。

【夢を持って】

若いときは、童話作家になりたいとずっと思っていました。この夢は、今も持ち続けています。ですから、児童文学者協会にも参加しているんです。そこに何かの繋がりを持つのが楽しみなんです。だって、叶えられなくても、夢を持つということは、素敵じゃないですか。どんな夢でもいい、夢があれば、楽しんでいられます。ああ、私には、夢があったんだって、思うだけでも、心が満たされませんか？

もし、叶えられるなら、近づくようにすればいいし、叶わなくても、夢のかけらを持っているだけで、心に張りがあるのではないでしょうか。

一日のスタートは朝食から

一人暮らしになっても、一日のスタートの朝食は、いつもと変わらない。朝に元気の源をシッカリと食べておかないと、一日が充実しないという。その朝食メニューは、三人で暮らしたときと、同じようにしているそうだ。

朝はゆっくりと、八時半頃に起きますが、夏など早く目覚めたときは、寝室の窓を開けて、風を通して、それからもう一度寝ることもありますね。すごく気持ちがよくて、なんて幸せなんだろう、と思います。

冬は、寝床で、グズグズしていることもありますよ。起きたら、庭の草花に水をやって、片づけものをしたりします。そうしてから、台所に立って、朝食の支度。ほうれん草をサッと茹でて、それを細かく刻んで、バターでソテーして、それに卵を必ずつけるんですよ。目玉焼きの半熟か、スクランブルも好きね。半熟の目玉焼きをほうれん草のソテーにのせて、潰しながら食べるのが大好きです。これは、吉田茂首相の好物だったと、吉田さんの料理長を務めたコックさんから聞きました。作って食べてみたらおいしくて、それから、ずっと食べているんです。パンはイギリスパンをトーストして、一枚くらい。それと、紅茶、果物、ヨーグルト。朝食は、九時半頃から、ゆっくりといただきます。

昼ご飯は食べません。一日二食です。でも、お腹が空くとお茶とお菓子など、甘い物をいただきます。朝にシッカリ食べるのが、私の元気のもとですね。

愛用の調理道具たち

【水切りカゴ】

ステンレスの水切りカゴ。手を触れてみると分かるのですが、裏側が汚れやすいのです。朝一番の仕事は、水切りカゴの汚れを落とすことです。やわらかいナイロン網タワシで、クリーム状の液体クレンザーを付けて磨いておきます。ステンレスはクレンザーを使うとキズが付くといわれますが、炊事をしていれば無傷ではいられないですね。私は、多少キズが付いても、いつもピカピカにしておきます。

【包丁】

包丁が切れないと、料理をする気持ちが挫《くじ》かれて、嫌になりますね。細かく切ったつもりが繋がっていたり、トマトが切れないなど。包丁は鋼をステンレスでサンドイッチした、錆《さ》びにくいものを使っています。でも研がなければ錆びてくるし、切れ味も落ちてきます。これまでは、シャープナーネットを利用していましたが、手持ちがなくなってしまいました。最近、研ぐ力がなくなっていますが、※中砥《ちゅうど》で、料理する前には自分で研いだり、上手に研いでくれる大工さんが来ると、頼んだりしています。

【ボール】

台所で使う小物、たとえば、ボールはステンレス製を多く選んできました。鍋が足りないときでも、鍋代わりに使えるからです。ステンレスは錆びにくいので、一生ものと信じていました。ほぼ十五年使ったら、どうも錆《さび》が出てくるようになってきました。水気を拭くと、布巾が汚れるようになったから。それで、金属食器関係の人に聞いたら「金属疲労」だと分かりました。金属も疲労してくれれば、錆も出るわけですね。今でもステンレス製ですが、ときどきチェックして、危ないな、と思ったら買い替えています。

※粗砥（あらと）で研いだ刃物をさらに研ぐのに用いる砥石。

【まな板】

ちょっと漬物や果物を切るときはプラスチック、細かく刻む、魚料理などには、木製などとして、四枚くらい持って、使い分けています。

一番使い込んでいるのが、アラスカヒノキ製で、三センチの厚み部分が特殊な樹脂でコーティングしてあるまな板。樹木は根から水とともに、養分を吸い上げています。縦に通っている導管は横から水は侵入しないが、剥き出しになっていると、乾燥しにくい。そこで、導管を塞いだまな板が開発され、それを使っています。包丁の感触がよく、重宝していますね。

【木べら】

木べらは、スープを作るときに欠かせない小物です。数本持っているのは、使用歴数十年になるでしょうか。木製なので、木の色が変色して、黒ずんでいます。けれど、一番使いやすいので、新しくしていません。木べらのへら部分が大きからず、小さからず、ほどよい大きさが気に入って、長年使っています。

【パン（チーズ）切りナイフ】

スイス製のナイフ。私は刃物が好きで、ハサミや包丁のいいものを見つけると、すぐに買ってしまいます。これも、見つけて欲しくて買った一つ。骨粗しょう症にならないようにと、チーズを食べるように買ったんです。チーズだけでなく、パン、ケーキ、柑橘類の皮などに、あれこれ使っています。切れ味がいいし、使い勝手もいい、お気に入りの小物です。

【ミキサー】

私は、生ジュースではなく、茹でた野菜をミキサーにかけて、ミルク、生クリームで薄めて、よくポタージュを作ります。ジャガイモ、ニンジン、玉ネギなどを茹でて、その汁も一緒にミキサーにかけて、それを温めながら、牛乳を加えていきます。このときに、ミキサーが必要です。いつも調理台に置いて、朝、すぐ使えるようにしています。

【ぎんなん割り】

ぎんなんは好きだけれど、あの殻を割るのが面倒、という人は多い。私は、近所の金物屋さんでぎんなん割りを見つけました。先がぎんなんに合わせて、やや丸みをもたせてあるので、挟みやすく、手元のバネで開閉しやすい。手先の力が弱くなった人にも使い勝手がいいのです。秋のぎんなん料理には便利に使っています。

【レモン絞り】

調理道具には、人の手の大きさ、力の入れ方などのくせで、ある人には使いやすいものが、他の人にはそれほどでもないということが、結構多いと思います。

今、使っているレモン絞りに出会うまで、そんなことは考えてもみなかったのですが、つくづくと道具は手の延長だと思います。

私のレモン絞りは、景品で貰ったものですが、絞りと受け皿が別になっているので、種やカスが上に残り、受け皿には綺麗な汁が落ちる。手の力が弱くなったり、痛みが走ることが起こってから、私にとって、手に合って使いやすいものです。

【万能濾し器】

あちこちへこんだりしていますが、私の愛用品で、一日も手放せません。いつ買ったのか忘れていますが、当時三百五十円。煮干しや鰹節でとった出汁を濾す、ホワイトソースのダマを濾す、茶碗蒸し、厚焼き玉子の卵を焼く前に濾す、炒り卵を裏濾しするなどと、手放せない愛用品です。こういう一手間をちょっと省略すると、料理の出来栄えが違ってくるので、私は嫌なのです。万能濾し器とは、よくぞ名づけたものだと感心します。

【アクとり】

もう一つ、料理をおいしくするための道具として、欠かせないのがアクとり。私が、今使っているのが、三代目のアクとりお玉。ほとんど毎日使っているので、三年ともちません。出汁をとる、煮込み物のアクとり。アクを掬《すく》う手間を惜しめば、あのブクブクと出てくるアクが仕上がりの味を壊します。このアクとりお玉に出会うまで、いろいろと試しましたが、これが一番。これも手放せない小物の一つですね。

キッチンシンク脇にある、小物道具スペース。料理中でも、すぐ手に取れるように吊してあるのがポイント。今でこそ当たり前に見られるスペースだが、戦後すぐとしては、斬新なアイディアだったことだろう。歴史は50年以上だ

第十章

人生、輝かせる台所

Shine

二〇一一年三月十一日午後三時近く、東日本大震災が起き、津波が発生して、多くの犠牲者を出した。それに伴い、福島にある、東京電力原子力発電所の原子炉建屋が、破損。溶けたウランは格納器の底を突き破り、放射能が飛散して各地に広がり、いまだ収集がつかず、現在もなお、人々は故郷に帰れずに、仮設住宅で暮らしている。

吉沢さん、このとき、九十三歳。災害から五か月後、『前向き。』を出版した。それが、大ヒット。誰の気持ちにも、暗く重くのしかかるような災害。その気持ちを、明るく、希望ある勇気に変えてくれたのが、この書籍だったのではないだろうか。あれから、九十七歳の今日まで、毎年、数冊ずつ出版されている。

それは夕日の輝きと同じように、吉沢さんはいくつになってもエネルギーを放ち続けている。そう、人生を、輝かせている。

誰にも寄りかからず

自分でできることは自分で。これが、老いて一人暮らしをする、吉沢さんの信条だ。子供がいないせいもあるが、それだけではない。小さいときから、自立心を持って、自分で決め、自分で行動してきた。それが、老いたから変わるわけではない。最後まで、自立して暮らしていく。これは自分で、決めたことだ。

今の私は、昔のように、何でも手早くできるわけではありません。買い物には行けなくなりましたし、家事だって億劫になる日もあります。といっても、まだ、食事は自分で作りますし、キッチンシンクだって、汚れれば、磨いたりします。変わりなく、できることは、続けているんですよ。少し時間がかかりますが、それでも、誰かがしてくれる、と思っていませんから、ゆっくりですが自分で、時間をかけてですね。

唯一の失敗

今月も、「むれ」の集まりがあり、皆さんが来られる。だから、前の日には、少し姪に手伝ってはもらいますが、勉強室を掃除して綺麗にし、トイレも消毒剤で掃除して、スリッパを用意する。これは、習慣になっているのですから、何ともないことですよ。「むれ」では夕食を一緒にしますので、布巾やタオルなど、あと、調味料などもチェックしておきますね。

「むれ」は、私が古谷から引き継いで、社会を自宅に呼び寄せて、知らない社会に目や耳を傾けようということですから、緊張感を持つ機会だと、考えているんですね。この毎月の緊張感がなくなったら、人に寄りかかってしまうことになるのではないかと思います。最後まで、自立して暮らしたい、というのが私の気持ちです。

吉沢さんは、これまでを振り返って、一つだけ失敗したことがあるという。それは、家のこと。

古谷が亡くなった頃、谷川俊太郎さんと話したことがあります。それは、高峰秀子さんが、年をとっても住みやすいようにと家を小さく建て替えたんですね。あれは、見識だと感心して話し合ったのです。

ほんとに老いたら、そうしなくてはダメでしたね。家を小さくしておけばよかったですね。お金もあまりありませんでしたから、できなかったんですけど。この家は、終戦後、すぐ建てた家だから、今はもう限界に来ているんですね。よくもっていると思います。私より、ずっと若い読者の方で、地方で暮らしている方ですが、その方が、家を建て替えるので、ちょっと片づけたら、「死ぬ思いでした」と、書いてきたんですね。大変なんだなあ~建て替えは、と思いました。まあ、壊れたら、それで仕方がないと思っています。この家はセキスイのプレハブ一号で、丈夫ですからね。

吉沢さんの家は、京都の町家のように細長い住まいだ。玄関からキッチンまではプレハブ住宅、その奥に続く所は、浜口ミホさんが建ててくれた、継ぎ足しの家。もう少し小さく、半分くらいの広さにしておけばよかったという。だが、ここで、吉沢さんは、戦後からの七十年を過ごし、老いの工夫も生み出してきたというわけだ。

献体と遺言を

古谷氏が亡くなって、すぐに、遺言を書いたそうだ。

「ああ、自由になった」という気持ちは確かにありました。これからは、今あるもので、大いに楽しんでいこう、と思いました。

すぐに、立ち直って、私は遺言を書いたんです。それと、家の整理もしました。一人になったら、知り合いのお医者さんから献体をすすめられて、そうすれば何かのお役に立てる。戻ってくるときは、小さな遺骨で、そうしたら、誰かがどうにかしてくれるだろう。うちはお墓もあるし…と考えたのは、それぐらいのことでした。

それと、遺言書に、もしお金が残っていたら、寄付したい、ということも書いてありますね。その頃は、自分が属しているところに、何処にいくらなんていう分配をしていましたが、その後、三十年も経ちまして、事情もいろいろと変わってきましたので、もう一度、考え直さなければいけません。

その当時、妹がいたので、あと親戚の一人と、私の最期をいろいろとやってもらおうと思っていました。ところが、妹やみんなも先に死んでしまったので、本当に、書き直さなければいけないですね。まあ、でも、そんなことをしなくても、あとを頼んである者が何とかしてくれる、と気楽に思っています。これればかりは、分かりませんよね。

まだまだ自分で食べたいものを

九十七歳の現在も、一人で食べたいものは自分で作っている。保存食なども
ちょっと作っておくと便利だと。

常備食みたいなものがありますし、あと、中心になるものを作ればいいので、わりと大変なことはないんですよ。保存してあるものは、こんにゃくのピリ辛煮や、大豆の煮たのを、ちょっと作っておくようにしています。

日頃、日持ちのするものを、私が大事にしていると、よく話しているので、新潟のお友だちからは、糸昆布やゼンマイの煮物、ニンジンの胡麻油和えなど、疲れたときにいいと送って下さるんですよ。九州からも、お魚の昆布締めなどが冷蔵便で送られてきます。嬉しくいただいています。

先日も、ある学校の理事会があって、帰宅したのが、六時くらいでした。さて、何を食べようかと思っても、何も用意していなかったものですから。でも、冷蔵庫

には、お刺身、鱈子、鰻などといったものは冷凍があるし、ほかにも保存食があるのですが、ちょっと違ったものが食べたくなりましてね。よし！　ということで、カレーを温めて、非常用パックご飯の半分に、カレーをかけて、それに、常備してあるお芋の煮たのや、昆布の煮たの、などと一緒に食べました。これで、夕食はお終《しま》いです。あとは、大好きな果物を、好きなだけ食べるんです。これが、ある日の夕食なんですよ。

今日もね、明後日、オランダに帰る友人がいるので、彼女におでんみたいなのを食べさせてあげたくて、がんもどき、大根など、それにひじきと油揚げを買って来てもらって、作ろうかなと思って、出汁をとったりしています。大したことではないですけど。

いえいえ、九十七歳で、常備菜を作り、メインでおでんを煮たりするのは、大変なこと。普通でしたら、誰かに任せて作っていません。

私は、昼間は、人と話したりしてお菓子を食べていると、夕食には、ご飯はいいからラーメンが食べたいと、急に思うときがありますね。きっとお縁日のソース焼きそばの匂いを思い出すのかもしれませんね。ときどき、キャベツいっぱいのソース焼きそばを作って、夕食にいただくこともありますよ。

そうそう、フルーツニンジンが届いて、今はそれを毎日のようにいただいていま す。フルーツニンジンって、生で食べるとおいしいですね。千切りにして、ちょっと塩して、干し葡萄があれば一緒にして、サラダみたいに作ります。マヨネーズでもおいしくいただけます。二、三本もあれば…、ご馳走です！

長生きしたら新しいことに出会った

昨日、次の本の撮影があったんです。歯医者さんが、インフルエンザに罹《かか》って、ちょっと治療がストップして、まだ歯が入ってないんですよ。

撮影のときに、「私、歯が入ってないので笑わないから」と言ったんです。そうしたら、「笑顔を撮りたいから笑ってください」とおっしゃるんですね。「嫌だわ」と言ったら、そんなの平気なんですよ、あとで、どうにでも修正できますからと。歯を修正できると聞いて、知らなかったので、びっくりしました。

そう聞いたら、選挙のポスターはみんなそうかと思いました。すごく、高くかかるんだそうです。就職試験に提出する写真代も、八千円だとか、それも修正料も含まれてるんだそうです。本当に、私は長生きしたおかげで、いろんなことをよく知ることができて、面白いですね。

この歯は、三十年前にインプラントにしたんです。とてもよくできていたんですが、それがちょっと欠けてしまいました。治療していますので、あと少しで治りますけどね。

実は、私は大病ってしたことがないんですね。古谷が亡くなったときに、帯状疱疹になったくらいで、入院の経験もないんです。一人だから、入院するときに持っていくものを、用意してあるのですが、この間、それを見て、大笑いしました。だって、馬鹿みたいに、原稿用紙とかがいっぱい、入っているんです。入院するのに、こんなもの持っていっても仕方がない。普通の必需品と入れ替えないと、と一人で笑ってしまいました。恥ずかしいけど、本当に、馬鹿みたいですね。いくらなんでも、入院したら、原稿なんて書けませんよね。まあ、それだけ元気だっていうことでしょうか。長生きして、いろいろな面白いことも知ることができましたね。

この間、脳の学校の加藤俊徳先生が、四年ぶりでまたＭＲＩを撮って下さったんです。そしたら、前より感情とか物を考える前頭葉の必要な所が、太くなっていると、画像を見せて説明して下さいました。前より、いいようですと。

加藤先生がおっしゃるには、記憶というのは、何かの出来事と一緒に覚えるのが一番覚えやすいのだそうです。歳とった人に、隣の部屋に何があったか、という記憶を確かめるテストみたいなのがあるのです。私は、あれが全然できないのです。覚えていないのです。

子供のときの記憶力は誰でもあるんですが、でも歳をとったら、どんどん忘れていく。だけど、なにか物事と一緒に覚えていることはよいので、私にはそれがあるから、大丈夫だと言って下さいました。

私は、四年前から、ちょっと良くなっているというのが、嬉しかったし、私の人生、素敵じゃないかなって一人で喜んだりしました。

明日は分からない、でも何とかなるだろう

九十歳を過ぎても、ずっと一人暮らし。執筆を欠かさず、年に数冊の本を出版し、現役である。九十歳から出版された書籍の数は多く、今やベストセラー作家並みだ。

長寿に関する本が、今、流行となっていて、私がいろいろと本を出させてもらっているのも、自分の暮らしを自分で考えて、こうしたらいいんじゃないかな、と思っていることを、書いているわけで、それで納得して下さる方が多かった、ということじゃないか、と思っています。

結局、自分の生活を、私は、書いたり、しゃべったりしているだけですから。読者と同じ目線、同じ姿勢で、私はこうだったのよ、と言っているのですし。そういうことしか書いていませんから、納得していただけるんじゃないかなと思います。

私は、自分のことをおしゃべりしているみたいな感じなんですね。それじゃない

と、私の立場って、なくなっちゃうんじゃないかと思って本作りをしてきたんです。自分のことを書いて、話して、それで共感していただければ嬉しいし。実際に人に教えるそんな資格なんかが、あるわけじゃないですから。

私は、一生活者なんです。でも、今日できたことが、明日どうなるかは、分からない。不安がまったくないと言えば、そうでもありません。一人ですから、突然胸が苦しくなったらどうしよう、泥棒が入ってきたらどうしようか、地震で家が壊れてしまったら…など、不安をあげたらきりがありませんよね。

もう百年近くを生きてきて、それを数えて日々暮らしていくより、私は、明日はどうなるか分からない、と思っているのですね。だから、今日を精一杯生きよう、と。朝起きて、さあ、何を食べようかな、あの本を読んでみようかな、菜園の葉っぱはどうなっているかな、あの方に手紙を書こうかな、今夜は動物の番組があるし、夕食はカンパリでも飲んで…。

私の性格なのかもしれませんが、心配したり、悩んだり、クヨクヨしたりということが、幸い、私にはあまりないのです。ストレスもなく、すごく幸せなのですね。

もし、心配ごとが起きても、何とかなるだろう、と思っているところがあるんですよ。

一生懸命に生きる

姑、光子と古谷氏が亡くなって三十年、この時間は家族からの贈り物として、すべて自分一人のために、一生懸命になった。

私は、本当に一生懸命に生きてきました。絶対に自分で働いて、自分の暮らしは自分で賄える人間でありたいと、思ってきました。家庭を持ったときも、古谷に、これだけは譲れないと言ったのです。最後まで仕事を持って、生きる女性でありたいと思って生きてきました。

自分で決めたことでしたけれど、家庭のことも、仕事も完璧にというのは、大変ですよ。タイマー付きの自動炊飯器が出たとき、みんなが買ったのは、朝早くから女が起きて働いて、というのは大変だったからなんですね。それを、怠け者みたいに言われたり、女を甘やかしているとか、いろいろ批判する人もいました。どうしてか、新しいことを何かしようと思うと、何人かの敵を作るということがありますが、今、女が働くことが普通になってきてよかったと思います。

いつも、女の暮らしについて、より良くということを考えていました。とはいえ、家事をしやすくすること、便利にすることは、いつでも後からでしたね。それまでは、女の暮らしなどはまったく無視して、産業は発達してきたのですね。

今、少子化が問題だと言われていますけど、保育所が足りないのに、それでも働けと言われても働けませんね。

そういう中で働いて、子供を育てようと思って、無理をすると女性の体をいためます。それでは簡単に子供は生めませんね。

それに、原発のことも、自分の国の始末もついていないのに、よその国に売り込むなど、どうかなと思っています。今、私は、心配だと思ったことは、ちゃんと言っていきたいと思います。そう、これからも、一生懸命に、そして正直に生きていきたいですね。

現役で、一人暮らしをしている吉沢さん、「晩年、今が最高の幸せ」と言う。人は、過去を背負って生きているが、生きるのは過去ではなく、今これから。せっかく生きているのだから、よく見て、よく聞いて、よく考えて、味わっていかなければ、自分の人生もったいない、と。

いつも多くの人に囲まれていた夫妻だったので、二人だけの珍しい食事風景。ビールとパンで、テラスでのくつろぎのひととき

家族に喜ばれたおかず

Side dish

メニュー 1

おもてなしのおつまみに喜ばれた
パイペンロー

【作り方】

①エビのむき身（200gくらい）を細かく刻んで叩き、すり身状にする。

②1に、卵白1個分、片栗粉適量、醤油適量を加えて、よく混ぜる。

③サンドイッチ用のパンに2を薄くのばして塗り、上からパンを重ねる。

④蒸し器にパンを並べて、蒸す。

⑤蒸し上がったら、4等分にして揚げ油で揚げる。

⑥塩と粉山椒を合わせた調味料を作り、つけていただく。多めに作って冷凍保存しておくと便利。

※各メニューの材料は、作りやすい分量を表示しています。

メニュー 2

白菜鍋

クタクタの白菜にベーコンの甘みが染み込んで、いくらでも食べられる！

【作り方】

①白菜と白菜（半株）の間にベーコン（300gくらい）を挟む。

②1を7～8㎝に切り、鍋いっぱいに並べる。

③白湯スープをヒタヒタになる程度まではって煮る。

④白菜に火が通ったら器にとり、中央に錦糸卵を盛り付け、熱々をいただく。

メニュー 3

〆のご飯として、やさしい味わいが好まれた

大根飯

【作り方】

①お米カップ2杯を洗っておく。

②大根6〜7㎝を縦に千切りにして、カップ2杯分にする。

③お米、大根、水、酒大さじ2、醤油適量を入れて、炊き上げる。

④炊き上がったら、さっくりと混ぜて、茶碗に盛り付け、白髪ネギ、生姜のすりおろし、刻み海苔をのせ、一番出汁をかけて、熱々をいただく。

メニュー4

鶏の丸焼きの余り肉で作る、簡単サラダ

おつまみサラダ

【作り方】

①鶏の丸焼きの余った鶏肉をほぐす。

②りんご半個、マカロニ200g、パイナップル（缶詰小）を適当な大きさに切る。

③1と2を合わせて、マヨネーズで和え、イタリアンパセリを散らす。

メニュー｜5

ほうれん草のソテーと目玉焼き

元気のもと、朝食の定番メニュー

【作り方】

①ほうれん草半わをさっと茹でて、細かく刻む。

②1を、サラダ油を熱したフライパンでソテーし、塩こしょうをふる。

③フライパンでひき続き、卵2個を割り入れ、半熟気味の目玉焼きにする。

④2と3を皿に盛って、卵の黄身を潰しながら、ほうれん草とともにいただく。

メニュー6

欠かさず毎日飲みたくなる
ニンジンポタージュ

【作り方】

①ニンジン（小）1本、玉ネギ（中）1個、ジャガイモ（中）1個を茹でて、ミキサーにかける。

②スープ3カップを温め、塩小さじ1をふって、1を入れて、牛乳1カップも加える。よくかき混ぜて、とろっとしてきたら、火を止めていただく。

メニュー 7

焼きおにぎり

大勢の集まりには、沢山作って、テーブルに置いて自由に食べてもらった

【作り方】

①おにぎりに醤油をつけて、オーブントースターで、焦げ目がつくように焼く。

②大皿に盛っていただく。

メニュー 8

すき焼き風味のおから

すき焼きの翌日に必ず登場した、便利な副菜

【作り方】
①すき焼きの残りの具を温める。
②1におから(200gくらい)を加えて混ぜて、フライパンで温める。

メニュー 9

緑日で必ず食べた大好物！

パンカツ

【作り方】

①小麦粉を適量、薄く水で溶く。

②1に食パンを浸す。

③サラダ油を適量、熱したフライパンに、2を入れて焼き目をつける。

④刻みキャベツにウスターソースをかけ、3のパンに挟んでいただく。

メニュー10

ホットケーキ

大人になっても憧れのハイカラおやつ

【作り方】

①ホットケーキミックスを水で溶き、サラダ油を適量、熱したフライパンで焼く。

②こんがり焼き上がったら、バターをのせ、メープルシロップをかけていただく。

メニュー11

毎日食べたくなる

こんにゃくのピリ辛煮

【作り方】

①こんにゃくを軽く叩いてから、適当な大きさに切る。

②鍋に胡麻油を熱して、1を炒める。

③2に味醂、酒、砂糖、醤油それぞれ適量を加えて、赤唐辛子を入れて、水気がなくなるまで炒め煮する。

常備菜はいろいろ作り置いておく

アンズ

好きな果物は？と聞かれたら、真っ先にあげるのが、アンズ。干しアンズを買ってきて、コアントローに入れて漬けておく。ちょっと寝られない深夜などに、一粒ずつつまむと、幸せな気分になる。

沢庵

戦時中、食糧がなかった頃、古谷の弟・綱正さんが抱えて来てくれた。思わず「まあ素敵！」。塩を出し、細切りにして炒め煮のきんぴらにした。空腹のみんなにはご馳走だと喜んでもらえた。

ゆべし

毎年欠かさず作る、私の冬の風物詩。軒先にゆべしが並ぶと、大寒である。柚子のヘタ７～８㎜ほどを輪切りにする。中の実と汁はすべて取り出し空にする。八丁味噌、味醂、砂糖を加え、ねっとりするまでよく練る。空にした柚子釜に、味噌を入れ、蒸し器で柚子が透き通るまで蒸して、冷ます。冷ました柚子釜を、和紙で包んで、寒に入ったら軒先に吊す。

煮豆

豆は好物の一品。特に煮豆は、作り置きをしておくと便利。一晩水に浸し、コトコトと弱火で煮て、豆を柔らかくする。そこに砂糖を加えてさらに煮て、醤油を加え、ひと煮立ちさせてでき上がり。

調味料・道具

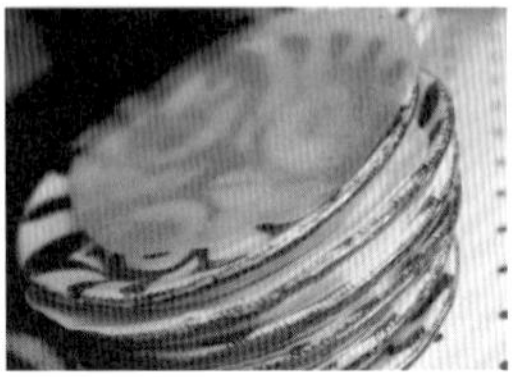

【震災を意識して】

この台所を造ってから、かれこれ五十年は経つだろうか。確か、三十年ほど前だと思うが、地震に備えなければ、と。お皿に発泡スチロールを敷いた。そして、扉にS字フックを付けて、備えをした。二〇一一年三月十一日、お皿も、中のものも飛び出さず、無事だった。これだけの備えだが、役立っている。

【調味料】

出汁は昆布と鰹節でとるが、簡単出汁を使うこともある。中華出汁をとるのが大変なので、これは顆粒タイプにしている。すぐに溶けるので、急ぐときに都合がいい。出汁パックは、作り置きの出汁だけで足りないとき用に使っている。これも、水から入れるだけなので便利だ。

【梅玄米酢・液体鰹出汁】

この二つは、人に紹介されたもので、使ってみたら、とてもよかったので、以来取り寄せている。梅玄米酢は、まろやかな酢で、水を薄めて酢の物がすぐにできる。液体かつおだしも、煮物、炊き込みご飯、煮豆などもおいしくできるのが嬉しい。

【片手鍋】

アルミ製はよくないといわれるが、他の材質で使い勝手のいいものは、そうは見つからない。だから手放せずに、もう何年もの付き合いをしている。蓋が強化ガラスで中の様子が見えるのも都合がいい。

【包丁と研ぎ器】

包丁については、先にも書いたが、長年使用している鋼をステンレスでサンドイッチしたものだ。切れ味、大きさ、持ち手などとても気に入り、使っている。包丁は切れ味が命なので、研ぎ器を使い、ときどき研いでいたが、最近はたまに大工さんに頼むこともある。

【小型フライパン】

一人分の目玉焼きを作ったり、ちょっと炒めたりするのに、適当な大きさのフライパン。最近気に入って結構登場させている。深さがちょうどよく、フライパン自体が軽いのが、気に入りの理由だ。

【木べら】

朝のスープを飲むのが習慣になっている私に、欠かせない調理道具の一つ。木製で、へらの大きさが、大きくなく、小さくない、ちょうどいいのが気に入っている。長年使っているので、黒ずんでいるが、使いやすいので手放せない。木製の泡立て器も、細身で、使いやすいのがいい。

おわりに

大正・昭和・平成と、それぞれの時代を生きて97歳という、自分でもびっくりする長い人生になってしまいましたが、その一世紀にわたる時間は、私にとって一瞬の出来事のようにも思われるのです。というのも、私は前ばかりを見て、今日よりは、明日のほうが、女性が生きやすい時代になる、と信じてきたせいでしょうか。

私が初めて働いた事務所が新聞社の中にあったため、そして事務所は社長が創立した財団であったので、新聞社の中も自由に歩けたのです。図書室から本を借りるのも自由で、私はその本をむさぼるように乱読し、よく分からないながら、女性の生き方ということに思いを寄せるようになっていったのだと思います。

私の人生の3分の1は、素晴らしい先生や、縁もゆかりもなかった人たちとの出会いの中で、暗い時代に出口を塞がれながら、必死になって前に進もうとしていたと思います。

結婚して、初めて人の暮らしとは何なのだろうと考え、自分の親の失敗を考え、私の家庭はぜひとも大切に育てたい。これは絶対に壊すまいと自分に言い聞かせてきました。

私より、ずっと思い通りに生きてきた人は多いと思いますが、私の幸せは、実の母より好きになった姑と暮らし、私には特別厳しかったわがままな夫からは、ものの「見方」や、一番大切な「考え方」を教えてもらったことでした。

その後の人生の3分の1は、本当に自分が思うままに生きてきましたが、97歳まで元気に働ける健康に感謝するばかりです。

恨みごとばかりの人生を語る人も多いですが、本当に、私は沢山のよい人に支えられてきたことを感じ、「人生、決して捨ててはいけない」と思っています。

そんな私を、同じような仕事をしてきた約半世紀の付き合いになる阿部絢子さんが、ぜひ一人の女性として記録しておこうと、何度も聞き取りの労をとってくれて、その時代背景になる出来事を調べ、一冊の本にまとめてくれました。いつも聞き取りの席に付き合って下さった集英社の北浦佳代子さん、お二人に、心からのお礼を申し上げます。

2015年5月

吉沢久子

(上)長年の仕事仲間や友人たちに
囲まれた「喜寿」のお祝いの会で
(右上)「傘寿」のお祝い会。ちょ
っとふっくらしていた
(右下)「卒寿」の会では90歳とは
思えぬ若々しさで驚かれた。老境
になってからもなお、溌剌とした
身のこなしや装いは、後輩たちの
お手本となってきた

自由な時間は
庭に面したソファで、
一人の時間を、
ゆっくりと過ごす。
大好きなターシャ・テューダーの
写真集のページをめくったり、
ここから見える、
夕日が変わり玉のように
変化する姿を眺めて、
「ああ、今が一番幸せ」と
しみじみ感じている

吉沢久子 年表

西暦	吉沢久子の出来事	世の中の出来事	年齢	年号
1914		第1次世界大戦		
1918	1月21日誕生 深川木場		0歳	大正7年
	幼くして両親離婚			
	母・祖母・叔父と暮らす			
1923	関東大震災で焼け出され、向島へ	関東大震災	5歳	12年
1925	小学校入学 江戸川区		7歳	14年
1926		大正天皇崩御 昭和が始まる	8歳	昭和元年
1931		満州事変	13歳	6年
1933	高等小学校卒業		15歳	8年
	自立して間借りを始める			
1935	時事新報社・大里児童育成会に勤める		17歳	10年
	速記・タイプライターを学ぶ			
1936	エスペラント語を学ぶ	2・26事件	18歳	11年
1937	妹で歌手の吉沢美穂子と高田馬場でアパート暮らしを始める	盧溝橋事件・日中戦争始まる	19歳	12年
1938	婚約者、戦病死	国家総動員法成立	20歳	13年
1939			21歳	14年

1940	栄養学校に通い始める		22歳	15年
1941	文芸評論家・古谷綱武氏と出会う	東条英機内閣・真珠湾攻撃 太平洋戦争勃発	23歳	16年
1942	「老婆聞き書き」始める	ミッドウェー海戦	24歳	17年
1943	神田の教科書会社に勤める		25歳	18年
1944	古谷氏戦地へ 留守を預かる 東京大空襲で高田馬場のアパート焼ける		26歳	19年
1945	玉音放送を聴く	東京大空襲 広島・長崎に 原子爆弾投下 敗戦 秋葉原電気街スタート	27歳	20年
1946	阿佐ヶ谷の闇市始まる		28歳	21年
1947		キャサリン台風、関東を襲う	29歳	22年
1948	古谷氏の秘書に 戦後の暮らしの工夫を考え始める	第1回全国ファッションショー、 神田で開催	30歳	23年
1949		東京と横浜でガス24時間 供給始まる	31歳	24年

1950	古谷氏と結婚、家事評論家誕生 東京日日新聞に暮らしの記事を掲載	朝鮮戦争始まる	32歳	25年
1951		攪拌式電気洗濯機生産	33歳	26年
1953	新婚生活の家を設計 婦人公論に「家庭主婦の立場」連載執筆	水俣病発生 噴流式電気洗濯機発売	35歳	28年
1954	料理番組の構成台本書きと司会を 『生活のけいかく』（みつばち文庫）出版	『暮しの手帖』誌上商品テスト開始	36歳	29年
1955	テレビに料理番組初登場	東芝自動電気炊飯器登場	37歳	30年
1956	文化学院に学ぶ	経済白書タイトル 「もはや戦後ではない」	38歳	31年
1958	インスタント・チキンラーメンと出会う	日清食品・チキンラーメン発売	40歳	33年
1959	セキスイプレハブ住宅に建て替え	プレハブ家屋時代到来 大和ハウス・ミゼットハウス発売 海外からキッチン道具・家事 道具が次々と店頭に並ぶ	41歳	34年
1960	『若い女性の生き方』（古谷氏共著）出版		42歳	35年
1961	デパート松屋「あると便利コーナー」で 消費者の相談を受け始める	経済白書タイトル「消費は 美徳使い捨ての時代始まる」	43歳	36年
1962	古谷氏の母、光子と同居		44歳	37年
1963	家電・証券会社の講演に回る 日本消費者協会講師となる		45歳	38年

1964		東京オリンピック開催	46歳	39年
1965		淀橋浄水場閉鎖　副都心に変わる 家庭用電子レンジ発売	47歳	40年
1966	勉強会「むれ」の前身「熊の子学校」スタート		48歳	41年
1967	新潟日報「吉沢久子の家事 レポート」連載始まる		49歳	42年
1968	LJG・生活提案を婦人公論に連載		50歳	43年
1969		「豊かさへの挑戦」GNP世界第2位	51歳	44年
1972		日本列島改造論		
1973		オイルショックでトイレット ペーパー買占め騒動		
1977	東郷学園の講師となる	一億総中流化の始まり「安定 成長へ適応を進める日本経済」	59歳	52年
1980	『私の冠婚葬祭ノート』出版		62歳	55年
1981	姑、光子を見送る		63歳	56年
1984	夫、古谷氏を見送る 古谷久子から吉沢久子として、 一人の生活を始める		66歳	59年
1985		日航機、御巣鷹山に墜落事故	67歳	60年
1986		チェルノブイリ原発事故 インスタントラーメン消費量 46億2400万食に	68歳	61年
1989		昭和天皇崩御　平成が始まる	71歳	平成元年

西暦	吉沢久子の出来事	世の中の出来事	年齢	年号
1995		阪神淡路大震災 地下鉄サリン事件	77歳	7年
1997	朝日新聞「吉沢久子の老いじたく考」 連載開始		79歳	9年
1998	朝日カルチャースクールをはじめ、 各地で講演に走る		80歳	10年
1999	「高齢社会をよくする女性の会」参加		81歳	11年
2001		アメリカ合衆国で同時多発テロ	83歳	13年
2002	「ふきのとうの会」参加		84歳	14年
2004		新潟中越地震発生	86歳	16年
2011	『前向き。』をはじめ毎年、 本の出版を重ねる	東日本大震災、それに伴う 福島原発事故発生	93歳	23年
2012	本が版を重ねベストセラー作家に		94歳	24年
2013			95歳	25年
2014	『徹子の部屋』に出演「戦争は嫌です」発言		96歳	26年
2015	連載コラムをはじめ、本の執筆に励む		97歳	27年

古谷氏が仲間と始めた勉強会「むれの会」は
今も継続され、吉沢家の一室で毎月集まりが。
50年近く続き、会報誌『むれ』を出し続けている。
毎回、おいしい夕食も用意して、
それも楽しみのひとつだ

編集・構成　阿部絢子
装丁・デザイン　若林貴子
撮影　奥谷 仁

吉沢久子（よしざわひさこ）
1918年東京生まれ。文化学院文科卒業。家事評論家、エッセイスト。文芸評論家、古谷綱武氏と結婚。速記者の仕事をしながら家庭生活を支える一方、生活者の目線で女の暮らしを考え、暮らしを大切にする思いを込めた料理番組への出演、執筆、講演など、様々な活動を行う。姑・夫と死別後、66歳から一人暮らしとなる。97歳の現在まで精力的に執筆に励み、新聞連載エッセーも続けている。著書に『あの頃のこと』（清流出版）『96歳いまがいちばん幸せ』（大和書房）『前向き。』（マガジンハウス）など多数。

阿部絢子（あべあやこ）
1945年新潟県生まれ。共立薬科大学卒業。薬剤師の資格をもち、洗剤メーカーに勤務した後、消費生活アドバイザーの経験を生かして、科学的かつ合理的な生活提案をしている。食品の安全性や家事全般の専門家として、新聞・雑誌などメディアで幅広く活躍。世界各国の家庭にホームステイしながら暮らしや環境問題を研究している。近著『モノ・人・お金自分整理のすすめ』（中経出版）『老いの片づけ力』（大和書房）が好評発売中。

吉《よし》沢《ざわ》久《ひさ》子《こ》 97歳《さい》のおいしい台《だい》所《どころ》史《し》

発行日　2015年7月8日　第1刷発行

著　者　吉沢久子

発行人　田中　恵
発行所　株式会社　集英社
　　　　〒101-8050　東京都千代田区一ツ橋2-5-10
　　　　（編集部）03(3230)6250
電　話　（販売部）03(3230)6393（書店専用）
　　　　（読者係）03(3230)6080
印刷所　大日本印刷株式会社
製本所　加藤製本株式会社

 ISBN978-4-08-333141-1　C0095
定価はカバーに表示してあります。